STANDING ON MY BROTHER'S SHOULDERS

虽然很想哭 但更想喝一杯奶茶

[英]塔拉·拉尔(TARA LAL)——著
翁婉仪——译

长江出版传媒 | 长江文艺出版社

图书在版编目（CIP）数据

虽然很想哭，但更想喝一杯奶茶/ (英)塔拉. 拉尔著；翁婉仪译. --武汉：长江文艺出版社，2020. 1
ISBN 978-7-5702-1283-5

I. ①虽.. II. ①塔. ②富.. I，①长篇小说-英国-现代
IV. DI561. 45

中国版本图书馆CIP数据核字(2019)第243644号

著作权合同登记号：17-2019-269

责任编辑：薛纪雨　夜　阑　　责任校对：韩　雨
封面设计：仙境设计　　责任印制：张　涛

出版：长江出版传媒｜长江文艺出版社
地址：武汉市雄楚大街 268 号　　邮编：430070
发行：长江文艺出版社
北京时代华语国际传媒股份有限公司　（电话：010-83670231）
http：//www.cjlap.com
印刷：三河市宏图印务有限公司

开本：880毫米 ×1230 毫米　1/32　　印张：7
版次：2020年1月第1版　　2020年1月第一次印刷
字数：149千字

定价：48.00 元

目录

万物皆有所归，就像色彩和美丽一样，当然也包括痛苦。

——亚当·拉尔

有人有自杀倾向时，该做 / 不该做的事

该做：

- 问对方现在的感受如何。
- 倾听并表示支持，但不要评判对方。
- 提到“世界”并询问“你有没有自杀的想法？”
- 让对方知道你关心他 / 她，并想要提供帮助。
- 知晓情况然后提供帮助。
- 陪伴。如果你不知道该说什么，倾听就好。
- 鼓励对方去寻求帮助并探索所有的解决办法。
- 问对方你该如何帮助他 / 她。
- 让对方处在安全的环境里，拿走可能会造成自我伤害的东西并确保他 / 她一直处在有人陪伴的状态。
- 协助他 / 她写一份关于生命中积极的事物以及在乎的人的清单。
- 注意警告信号，比如不寻常的行为变化或者对方说类似“让我一个人静一静”之类的话。
- 寻找可以提供的帮助。

- 如果对方同意，陪伴他 / 她赴约。
- 与对方一同建立一个支持计划，罗列好朋友及家人的联系方式，心理健康热线电话及 24 小时服务热线。
- 让对方知道有自杀的想法是需要精神治疗的。
- 参与公认的自杀预防培训课程，比如 LivingWorks 的 ASIST。

不该做：

- 评头论足。要知道感受是没有对错的。
- 避免谈论关于自杀的话题。
- 对对方的话表现出震惊。
- 告诉对方怎样是对他 / 她最好的。
- 教育对方人生的价值。
- 试图用内疚或威胁防止对方自杀。
- 发誓保密。
- 试图获得对方的允许后再寻求帮助。

引　言

达令赫斯特消防局，悉尼，2009

“嘿，大熊。什么时候可以吃饭？”

“预计开饭时间是7点左右。”

此时我正在水槽边削土豆皮。别误会，不是因为我是唯一的女性所以要我做饭，只是刚好轮到我而已。我们按照资历轮流下厨，而我在比较靠后的位置。第一个是我们的老大，也就是局长；然后是老家伙，外号间谍。之所以外号叫间谍，是因为他叫史密特，跟史密斯只差一个字。他在局里干了四十年，间谍这个外号也跟了他四十年。

我是“大熊”。

我的外号是从守门事件得来的，那时候我差不多已经在消防局工作一年了。守门呢，是一项非常重要的工作，就是站在消防局门口，站在消防车正前方，观察世界的变化。说得更具体一点儿，就是点评周五和周六晚上经过国王十字区的女孩们。作为一名女性，这个癖好就好像看着水壶里的水烧开一样有意思，但这件事，能让男孩们，也就是剩下的所有人都乐此不疲。

在这样一个有意思的夜晚，女郎派对随之而来。虽然女郎们总是喜欢消防员，但让我难受的是这个理论对女消防员来说并不适用。那时差不多是深夜 1 点钟，我回到房间里打算在下一次警铃响起前小憩一会儿。周六晚上总是很忙碌。我躺了大概一个小时，闭着眼睛极力忍受门口女郎们的尖叫，还有男孩们的调情，最后终于忍不住了，爬起来非常礼貌地问他们能不能声音小一点儿。但根据男孩们的描述，当时我给了他们一个死亡凝视，吓得他们大气都不敢出，调情也停止了，愉快的夜晚也随之消失了。他们说我就像灰熊一样可怕，大盖兹指出我在饿了或者是累了的时候就会变得十分可怕，所以，我就成了大熊。

受不了他们时，我就会回到自己的房间里。那次女郎派对之后，我的房间就被称为我的洞穴了。男孩们会相互警告，然后自鸣得意地打趣称只要带着蜂蜜和浆果，他们就能安全地进入洞穴。很快，消防局里出现了各种各样与熊有关的小物件：我的工作证上，我的储物柜上，以及任何他们能想到的地方。

几乎每个消防员都有绰号，有的很可爱，有的又很讨厌。相比之下，大熊也没什么不好。

在消防局有一个约定俗成的规矩，那就是当你不小心做了什么，哪怕是一点点不好的事，或者是有任何怪癖不幸被发现，就会被人揪着不放，然后这件事就会像影子一样跟着你。

有一次我给自己泡了杯茶，但忘记给其他小伙子也泡一些。从火灾现场回来后，我看见餐厅的白板上贴了张森林火险等级表，有个箭头指向“极强”，下面写着“塔拉：自我级”。从那以后，只要我做哪怕只有一点点自私的事，这张表就会出现。

这就是我们。此刻我正在水槽旁边削着土豆皮，间谍朝我走来，他满头白发，脸上坑坑洼洼满是战争的痕迹。

“最好不要又是一个三文鱼饼之夜，大熊。”

我永远也不会忘记那一晚。那是第一次轮到我做饭，我做了一些需要高超厨艺的三文鱼饼，想让他们对我刮目相看，但却犯了新人最容易犯的错——分量不足，最后有个男孩不得不去买鸡肉汉堡充饥。

“三年了，我还是对那件事耿耿于怀。”我笑着说。

随后警报响了，一如既往地越来越响。

我关了炉灶，放下手上的削皮刀，心里祈祷这是一次假警报。自动语音广播叫着：“水泵，协警。”

“我们有跳高选手了。”老大对我说。

一开始我还没反应过来，随后便意识到是自杀。警察经常给消防局打电话请求帮忙清理血迹。

我深吸了一口气：“在哪儿？”

“十字街后面，斯普林菲尔德大道。”

我穿上黄色的裤子、夹克，戴上帽子，跳上消防车拉响警报，然后打开警灯出发了。这一连串的动作我已经做了无数次，但这一次的感觉却不一样。我感到胸口闷闷的，连呼吸都变得困难了。

我们在警车旁停了下来，我看见了血迹。

“去拿水管，塔拉，把它冲掉。”老大指挥道。

我走到消防车尾，拉出一卷水管。转身时，我看见地上有一副眼镜。于是我抬头看向楼上的窗户，脑海里，有一个身影爬到窗外，纵身一跃，然后身体垂直坠落到地面上。我感受到了一切，甚至是某一秒里闪现的后悔。身体撞在人行道上的力量好像撞击在我心里一般。

我拿着水管，僵住了。因为我回想起了另一个时刻，另一个国家，另一具尸体……

亚当。

一

万物皆有所归

万物皆有所归，就像美丽和色彩一样，当然也包括痛苦。不管痛苦有多深，我们都要找到它的所在之处，让痛苦回归源处。

1

英国，1976年

“谢夫，谢夫！”

“嗯，嗯。”

“谢夫，现在往哪儿走？”

“呃……这个……等一下。”

爸爸重新从座位底下拿出地图，我们全家在去萨福克度假的路上。

“你为什么就不能把地图放在外面，谢夫？”

“呃……这个嘛，嗯……让我看看……”

“受不了你！拿过来，让我来看！”

妈妈转过身，一只手把着方向盘，另一只手去够地图。我们三个在后排不安地坐着，一声不吭。因为年纪最小，我被安排坐在中间的位置。这个位置最容易被妈妈的怒气牵连，很久以前我们就得出了这个结论：中间的位置是后排她唯一能够得着的地方。

我们越来越靠近马路牙子，前方的转弯也在不断逼近。而妈妈正看着地图，爸爸在一旁犹犹豫豫，我也选择保持沉默。

“好了，布丽奇特，我可以的！”爸爸还在挣扎着想要夺回地图的使用权，而妈妈一直拽着不放。

"妈妈……妈妈！"

我往前探过身，使劲拉住方向盘。妈妈的脸上露出了惊恐的表情，她迅速控制住方向盘，一脚踩在了刹车上。车内一片寂静，只有爸爸不紧不慢地说："啊呀，布丽奇特，真希望你不要那么做。"

我很想接话说："做什么？你是指撞死我们全家吗，爸爸？"当然我什么也没说，因为我也被吓坏了。真理就是：妈妈很吓人。

非要追究的话，爸爸刚认识妈妈时都是他开车，但两年了他还是不会换挡。后来，在我大姐姐乔出生不久后，爸爸出了车祸，那时乔也在车里。就是从那时起，妈妈下定决心再也不让爸爸开车了。

妈妈和爸爸是在 1966 年 4 月，一个共同朋友的派对上相识的。那是在北伦敦的时尚中心，参加派对的都是电视节目制作人、学者和作家。他们隔着一间屋子看见了彼此，爸爸一下子就被这个金发碧眼，高挑貌美，有着一头齐肩卷发的伦敦女孩吸引住了。爸爸说她穿了一件白裙子，微微低着头，很明显对他的"挑逗"并不抗拒。随后，他开始谈论他最近看的书——伯纳德·马拉默德的《店员》，还谈起了精神分析学和心理学，极力想要给她留下好印象，最后成功地要到了她的电话号码。第二天一早，妈妈就冲进英国广播公司，跟她的同事大谈特谈昨晚遇到的这个帅气的印度学者。妈妈在英国广播公司担任文献研究员一职，她对印度有一种着了魔的迷恋，非常渴望去印度旅行，而且就在前一年她已经独自去过一次了。谈起爸爸，她语速飞快，显得异常兴奋，很明显已经被这个印度学者征服了。当时她已经 33 岁了，有着一堆复杂的人际关系，有冒险精神又充满好奇心，与她古板的英国父母形成了鲜明的对比。

当时，妈妈和她最好的朋友一起住在汉普斯特德盖顿新月街的一套公寓里。后来汉普斯特德成为伦敦的潮流中心，但还没有发展成为现在这样的高档豪宅区。爸爸第一次约妈妈时，一眼就看见了她们公寓壁炉架上的《店员》，心里乐开了花，然后以迅雷不及掩耳之势邀请她共进晚餐，又在国家电影院看了浪漫喜剧《棕榈树的故事》。他费尽心思想要说服妈妈让自己在她家过夜，但妈妈只是淡淡地笑着，温柔地送他离开。

从那以后，妈妈和爸爸的罗曼史进入飞速发展的阶段。爸爸古怪的幽默感，他的才华，他的健谈和印度血统都深深吸引着妈妈。而爸爸则对妈妈的美貌、热情以及她对印度的热爱着迷，他们就像一对神仙眷侣。不久后妈妈怀孕了，爸爸微笑地回忆着，叙述着那年 6 月他们是如何在牛津的一个舞会上订婚的。妈妈的父母对她要嫁给一个印度人这件事惶恐不安，但这丝毫影响不了妈妈的决定。在她 34 岁生日时，他们在汉普斯特德的一个小教堂里结婚了。这个教堂像极了几年后我们一家人在里头泪流不止的那个教堂。

他们在南斯拉夫度的蜜月，截至目前，他们才相识不到四个月。第二天早上，爸爸穿着整齐的西装，打着领带，皮鞋锃亮，还戴着婚礼时戴的礼帽出现在沙滩上。妈妈被这样的场景逗乐了，或许就是在这个时候，她第一次预感到了自己的宿命。

我们在北伦敦的一栋排屋中长大，沿着皇家自由医院向下走就能找到。爸爸妈妈，姐姐乔，哥哥亚当和最小的我，一个普通得不能再普通的家庭。

“妈妈！妈妈！”

“怎么了，塔拉？”

“乔把花生塞在亚当鼻孔里，现在拿不出来了。”

“去找你们的爸爸，我在洗衣服呢。”

妈妈两只手在水槽中鼓捣着，拧着一眼看不到尽头的衣服。据妈妈所说，这是因为我们买不起洗衣机。而爸爸则一如既往地陷在客厅的扶手椅里，埋头看着书。

“爸爸！”

没有人回应。

“爸爸！爸爸！爸爸！”

依然没有回音。

“爸爸！爸爸！爸爸！爸爸！爸爸！”我用尽全力地嚷着。

从扶手椅的深处传来一阵闷闷不乐的嘟哝声。

“天，真是受不了！”妈妈生气地喃喃自语着，抓了条抹布擦了擦手，跟着我去了后院。乔正拿着根木条试图把花生剔出来，这真是此时此刻最完美的手术工具了。

“乔安娜！你在做什么？”妈妈从姐姐手上抢过木条，在她屁股上结结实实地打了一下。

“啊呀！”乔大叫着。“为什么他从来不会挨打？”就在妈妈忙着处理卡在亚当鼻子里的花生时，姐姐对着哥哥咆哮着，而我则站在一边焦虑地咬着嘴唇。

妈妈是家里的法官，也是顶梁柱。她做什么都很快，作为一个小孩，我只有跑着才能跟上她的步伐。她的手很有力，结实又勤劳，是那种你不想轻易触碰的手。而爸爸的手，虽然笨拙，但很细腻，柔软又舒服，让人想要一直握着。他们俩总是因为爸爸的慢性子和与世无争的性格发生争执。当然了，他们俩性格上的天壤之别让吵架变得很有意思。妈妈总是在咆哮，不停地尖叫和嚷嚷，而爸爸则是轻声地嘟哝，用他最标准的英语说，“我希望你不要咆哮，布丽奇特”，这无疑是火上浇油。

妈妈坚持要传承全家露营的优良传统，爸爸却很不喜欢露营，尤其是在北苏格兰的荒郊野外遭遇大暴风之后。那一次妈妈和我们三个小孩与大风中翻腾的帐篷激战，多亏我们每人都牢牢地抓住帐篷的一条杆子死不撒手，不然它就要躺在爱尔兰海里了。那次我真的吓坏了，而那时的爸爸，却消失了好几个小时。后来我们才知道他去找最近的商店了，回来时手里还拿着一包巧克力。他表达不满的方式就是吃巧克力，我们都认为这一点很棒，而且这是让我们更爱他的一个完美的正当理由。不用说都知道，爸爸的这个习惯让妈妈非常抓狂。

看上去，我们只是一个普通的，稍稍有些让人着急的家庭，但其实，爸爸曾在我两岁的时候精神崩溃，然而我一点也想不起来了。爸爸大部分时间都在与精神疾病做斗争，而当时的我并不知晓.

“爸比……”爸爸安静地坐在扶手椅上，睁着眼但无精打采。

“怎么了？亲爱的。”他轻声问。

“爸比……要抱抱。”我抬头看着他，把手放在他的腿上。

“现在不行，宝贝，爸比在休息。”他温柔的话语中带着一丝疲惫。

我依然看着他，眼睛张得老大，想要得到他的爱和关注。为什么爸爸不想抱我？我咬了咬嘴唇，不知道该怎么做。最终我决定爬到他的膝盖上，找一个让彼此都舒服的位置。爸爸一动不动地坐着，就像被封在玻璃盒子里一样。我把头靠在他的胸前，拼命地想要靠近他，但他仍然沉浸在自己的世界里。终于，我用尽全身的力气艰难地把他的胳膊抬起来架在我身上，凑合着算半个抱抱吧。

似乎我们两个人对这样的姿势都不满意，于是过了一会儿，我就从他膝盖上爬下来，跑进厨房找妈妈去了。

妈妈一如既往地忙碌，她一边打扫一边单手贴墙纸。

“该死！”我听见她似乎因为贴错了一块墙纸咒骂了一句。

现在似乎不是要抱抱的最佳时机，于是我决定帮妈妈擦干刚洗完的碗具。我喜欢当她的小帮手，虽然我有些笨手笨脚。就在我努力躲避不被她的怒火殃及时，手里的碗滑了出去，掉在地上碎成了无数块。我惊恐地盯着碎片，然后迅速逃回客厅躲在最近的椅子后面。我知道妈妈能听到有东西被砸碎了，她的脚步声越来越近。

“究竟是怎么回事？”她厉喝着。我缩成了一团。

最终她还是看见了蜷缩在椅子后面的我，然后脸上的怒气消失了，因为她很诧异自己6岁的女儿居然害怕自己。她紧紧地抱着我，温柔地摇晃着、抚摸着我。我被满满的安全感包围着，这真是温馨的一幕。

我的姐姐乔是我们几个孩子中的老大，她就像儿童版的妈妈，意志力坚定，有些蛮横，还有点儿吓人。但她其实是个非常用心且考虑周到的人，只是我和亚当不常看见她的这一面。我们就是单纯地害怕她，拼尽全力地想要得到她的认可。

我们有一个吐口水的游戏，乔把我或者亚当用她的膝盖夹住，低下头在嘴里酝酿口水然后慢慢地吐出来。我可以看到口水从她嘴里出现，变成长长的一条，摇摇欲坠，而且越来越长。这让人浑身都不自在，我每次都祈祷上帝保佑她的口水不会碰到我。

面对这类游戏，我和亚当往往都团结一致，除了有些情况下需要明哲保身，我们才会选择站在姐姐那一边，拥护她的一切。有一次我们和爸爸妈妈朋友的一家一起度假。他们家有三个女儿，这对亚当来说非常不幸。当乔建议让亚当用尿把我们点燃的火浇灭时，我当然很明智地选择了支持她的提议，毕竟在孩子们当中，只有他能做到这件事。

有一次我们全家去海边度假，我们三个小孩在沙滩上挖了一个人洞。乔怂恿亚当爬进去，她和我一起往洞里填沙子。我们玩得很愉快，直到沙子埋到亚当脖子的位置，他发现自己动不了了。我看着他的表情从开朗的笑容变成极度恐惧后，自己也开始害怕了。乔似乎没有危机感，她被沙滩上长出一颗脑袋的场面逗乐了。直到亚当开始大叫，我们才疯狂地把他刨出来。我的心脏都要跳出来了，我爱亚当，他是我唯一的哥哥。他当时恐惧的表情在我脑海中多年都挥之不去。

从小，亚当和我就相互照顾，每次我要出远门时他都会给我写信。

亲爱的毛毛：

最近好吗？我们都很好。还没在邮箱里看见你的来信，但我相信它们已经在路上了，对吧？（疯狂暗示！）你肯定把钱都花完，用来买糖吃了！噢对了，你骑马怎么样？我都可以想象是马骑你而不是你骑马！你知道吗，我已经有，让我算算，整整十一天没见到你了，真是幸福呢！不不不，我还想再见到我的小妹妹。你走后家里都安静了许多。早上没有轻快的脚步声，也没有小脑袋从被窝里钻出来。我们都（不）想你（开玩笑啦），很想再见到小卷发（你）。

爱你的亚当。

另外，试着在舞厅里找个人跳跳舞吧。

我们经常玩一个游戏：一个人爬到另一个人的肩上，上面的人可以够到一小块儿客厅和餐厅间拱门的门檐。我们只能靠一点点指尖抓着门檐，所以说，这是个很危险的动作。如果是我站在哥哥的肩膀上，他就会在屋子里跑来跑去，留我一个人哆哆嗦嗦地凭借指尖挂在拱门上。直到我叫着要下来，他才会停下来站在我下面，再一次用肩膀支撑起我的重量。亚当和我非常默契地信任着彼此，我们从没有让对方掉下过一次。

大部分情况下我们三个人都很和睦，快乐又幸福。没有人察觉到爸爸正被精神疾病一点一点地吞噬，就像有张黑色的大网将他团团围住。

2

1931 年，爸爸出生在班浦尔，印度北部一个熙熙攘攘的小村庄。家里有三个儿子，他是长子。回忆起在老家的那六年时光，他总是面带微笑。他会变得目光呆滞，然后温柔地点着头，躲藏在自己童年的港湾里，沉浸在那段宝贵的记忆之中。随后，他的脸会被一种难以名状的悲伤笼罩着，因为那个诗情画意的家乡，那个完美无缺的家庭已经变得遥远，成了过去。

他不记得他的妈妈后来的行为变得很古怪。

“不可能，”当他的弟弟提到妈妈会自言自语而且行为不正常时，他斩钉截铁地说，“她只是遇到了一个母亲该有的压力。”

爸爸 6 岁时，他的父亲决定举家坐船去英国。表面上是想要让儿子们接受更好的教育，但其实也希望通过这样的改变帮助自己的妻子回归正常。我的爷爷曾在英国留学，是印度一个杰出又富有的国大党律师及顾问的儿子，印度前总理尼赫鲁都曾去过他们家做客。

我的爷爷努力在英国争取到了一份工作，随后便召唤他的妻子和儿子们跟随他一同前往。于是，1937 年，爸爸，爸爸的妈妈和他的弟弟们登上了前往孟买口岸的破旧老火车，开始为期六周的旅行。虽然爸爸那时候只有 6 岁，但有些画面还是深深地印刻在了他的记忆里：马耳他海湾湛蓝的海水，比斯开湾随处可见的救生艇以及到达英国时，欢迎他们的五颜六色的彩旗。

“看！ Maataaji！看他们为我们准备了什么！”他兴奋地用印地语嚷着，指着那些彩旗，丝毫没有注意到乔治六世的加冕礼，甚至连乔治六世是谁也不知道。

他们一家人住在伦敦南部的卡特福德，因为我的爷爷在这个地方行医。一到新家，爸爸就兴高采烈地从楼梯上跑下去，一头撞在一个年轻的英国女士身上，她是爷爷请来的家教。他用印地语跟她说话，但这个女士为什么不回答他的问题呢？只是说出一些奇怪的话，而且这些话语没有任何意思。他又走进厕所，困惑地盯着马桶，拉了拉冲水把，被突然冲出来的水吓了一跳。习以为常的生活就这样消失了，他沉思着。

不久，二战爆发了，我的爷爷被召进印度军队的医疗队。他坚信离开伦敦会更安全，于是举家搬到了贝辛斯托克。但在那里他们几乎与世隔绝，爸爸的妈妈也因压力太大而崩溃了。有一天，一枚炸弹在他们房子旁边的教堂里爆炸了，她惊慌失措地叫喊着，并让孩子们戴上成人防毒面具。爸爸回忆起这天时，总是闭着眼睛，用手把脸揉成一团，好像这样就能终止这段记忆似的。直到现在，每次开香槟时他都会离开。他会在暴风雨的天气里戴上耳塞，一个气球爆破都能让他像个被吓坏的小孩一样缩在椅子上。在我们还是孩子的时候，觉得爸爸害怕气球这件事很滑稽，于是总是用气球捉弄他。

也许是那次爆炸，成为压垮奶奶的最后一根稻草。1943年一个周日的早上，爸爸醒来时发现他的妈妈行为有些疯癫，大喊大叫着，说着一些不成句子的话。他害怕了起来，出门寻求一个认识的当地牙医的帮助。各种医生和一些看起来是大人物的人来到家里，他们得出的结论是：爸爸的妈妈精神失常了。

爸爸和他的两个弟弟绝望地看着他们的妈妈以疯子的身份被带进精神病院，不久就被诊断为偏执型精神分裂。社会福利机构带走了这三个小男孩，把他们送进了最近的孤儿院。他到现在都还能清楚地记得在孤儿院的第一晚，那个他称为人间地狱的地方。12 岁的他躺着，看着宿舍黑色的天花板，极力让自己不被周围的啜泣声影响。妈妈的眼神和她叫嚷的声音在他脑子里挥之不去。他感觉自己在下沉，好像在一望无际的海里，周围没有救生艇，也没有任何坚硬的物品可以依靠，就这样被未知的未来淹没。他和弟弟们会怎么样呢？还能再见到妈妈吗？妈妈究竟是怎么了？为什么她会表现得这么奇怪？

有一天，他在孤儿院的一个橱柜里找到了一些破旧的皮面书。他取出一本打开第一页，书中的词句带他走进了另一个世界，让他远离了支离破碎的现实。他把这些书读了一遍又一遍，书就是他在地狱中的天堂，只有躲在书里才有安全感。

哈丁夫人与爸爸家住在同一条街上。她的丈夫在海外工作，家里只有她和她的小女儿。偶尔她也能看见在这个街区走动的印度家庭。当她听到消息说这三个小男孩进了孤儿院后，便立即前去探望。刚踏进这个过度拥挤的房子时，她就被眼前的场景震惊了。她扫视着整间房子，试图在一堆白人小孩里找到那些深色皮肤的男孩。她看见了我的爸爸，那时他正盘着腿安静地坐在一个角落里，手里抓着一本书，两个弟弟紧紧地挨着他。哈丁夫人的心一下子就被他们那讨人喜爱的棕色大眼睛融化了。那一刻，她发誓一定要带他们回家，让他们被爱包围，把他们从地狱中拯救出来。于是在艰苦的战争期间，她收养了这三个男孩。

以后，爸爸更加沉浸在书里。阅读成了他的爱好与避难所，书籍能帮助他与现实抗争，让他逃离混乱又短暂的童年。

1945 年战争结束后，我的爷爷决定带着妻子和两个小儿子回印度继承家产。当他意识到发生了什么事后，他把爸爸留在了英国，跟哈丁夫人一起，让他能继续完成学业，像爷爷那样成为一个医生。他最小的儿子也将成为医生，而二儿子沙姆，将会在印度参军。于是，三个儿子都努力地按照规划好的人生轨道不断奋斗。三年后，爷爷和他的妻子以及最小的儿子回到英国，他在伦敦老肯特街继续行医，而他的妻子，则不停往返于家与精神病院之间。爸爸 22 岁时，他的妈妈因为肺结核去世了。没有人告诉他妈妈离世的消息，因为他自己正在医院里与类似母亲当年一样的疾病抗争着。一年后他出院了，才知道母亲已经离世。

爸爸在少年时就有一些精神疾病，虽然我不知道是怎样的症状。后来他被诊断为患有分裂情感性障碍、躁郁症和抑郁症。因为母亲的缘故，她最小的儿子，我的叔叔萨马成了加拿大德高望重的精神病学教授。他的研究所正在研究环境暴露是如何在基因上“绘图”和“上色”的，并得出结论：情感和物理诱因能够一同对遗传印记产生影响，它们可以影响任何一个个体基因的表达。

我经常问自己，爸爸的心理抗争是从他妈妈那儿遗传下来的还是童年阴影产生的创伤，因为这个问题也同样适用于我的哥哥。

爸爸最终还是完成了他的学医生涯并成为一名医生。不管是什么病，他的建议都是“吃一片阿司匹林，睡一觉就好了”，而我们这几个孩子都觉得这样的答复简直滑稽极了。

值得庆幸的是，为了所有人的幸福，他做了一件对抗印度传统的事：爸爸无视了他父亲的期望，放弃自己的行医生涯，转而攻读神经生理学博士。

每当爸爸谈起他的研究时，整个人都变得兴致勃勃的，眼睛里发着光。他兴奋地告诉我们神经元如何传递信息，每个神经脉冲携带着一小部分有用的信息，这股美妙的信息流又是如何畅通无阻地从一个媒介传递到另一个媒介的。每到这些时刻，他都能全身心地投入其中，并短暂地从悲伤和遗憾中走出来。只有在这时，我们才能看到那个神秘的、热情洋溢的拉尔博士。

当爸爸专注于一件事时，他会变得很滑稽。每次他给我们讲他最爱的笑话时，自己都会先笑得前俯后仰。他往往是这么开头的："你们听过健忘教授那个笑话吗？"

"听过了，爸爸！"我们不耐烦地齐声回答。然而他从来不管我们，只顾着继续讲。

"是这样的，那个教授一边走一边想着工作上的事，突然他意识到自己忘记了回家的路。于是他停下来向一个在路边玩耍的小女孩问路。"

"你好，小姑娘。"爸爸用健忘教授的声音说道，"你知道怎么去康斯坦丁街 115 号吗？"

"小女孩回答道：'你太好笑了！爸爸！'"

每次讲到这里，爸爸都会笑到岔气，我们看着他，也跟着哄然大笑起来。

我们家里堆满了爸爸的书，任何可以想到的角落和缝隙里都有书。一般情况下书都是水平排列的，只有在条件不允许的时候，它们才会被垂直地堆叠，这让妈妈很苦恼。有一次我们出门度假两周，爸爸带了二十二本书并且全部看完了。我永远无法理解他是怎么做到的，更让人佩服的是，他记得所有自己看过的书里的细节。

每当爸爸变得沮丧时，我都可以察觉到。他会坐在那张舒适的棕色扶手椅上，而椅子因为常年承受他的重量已经有些变形。他的膝盖上没有书，就那么闭着双眼一动不动地坐着。我说过，我不记得他第一次精神崩溃的样子，但成年后回溯起这段往事时，我发现它或多或少都对我们有些影响。我总会感觉到有什么东西阻挡着自己，就好像是一段我无法触碰的记忆。当我到了 30 岁时，回想起自己的童年，刚会走路时的一些画面涌现了出来。特别是有一幕，我从门缝里看见爸爸坐在医院病房的角落里，紧闭着双眼，身体不停地前后摆动。我想走进去抱住他，却被迅速带走了。我在想，这是一段真实的记忆吗？

到了 10 岁以后，我的记忆就变得清晰了。我清楚地记得妈妈带着我去精神病医院看望爸爸。我很紧张，不想要任何人知道我的爸爸在“疯人院”。好在医院没有我想象的那么冷冰冰并且充满消毒水的气味，但这种感觉还是很奇怪。我环顾四周，想着这里所有的人都是疯子……不，我爸爸不是。

他们拿走了他所有的剃须刀片，当时我并不知道这意味着什么。爸爸对这点很不满意，因为他不喜欢电动剃须刀。当时的我只知道爸爸在医院，我们要去看他，这就是生活的一部分。

我在日记里草草地写下：

爸爸很伤心。我讨厌他变得伤心，因为他伤心的时候就会变得很安静，我总觉得这是我的错。

3

妈妈很坚强，她做了所有她该做的事。做饭，打扫卫生，开车，采购，手洗所有的衣服。她很高，有着宽阔的肩膀和纤细的腰，而我变得越来越像她。她重新在社会服务领域找了一份工作，不仅要在工作上尽心尽力，同时又要肩负起家庭开支，还要抽时间爱我们，抱抱我们……总而言之，她尽自己所能让这个家在爸爸的疾病中以及后来他的崩溃中生存下去。

我完全没有注意到她肩上的担子有多重。在我的记忆中，只看到她哭过一次。那天，乔和亚当打碎了她的雕塑，那是一个站在海边岩石上的金发女孩。雕塑叫作《海风》，是外公送给她的，他说一看到这个雕像就会想起我的妈妈。我们都知道这是她最心爱的东西，她跟我们说了无数次要小心，不要打碎它，然而我们喜欢打台球。那天天黑，球打偏了，于是我们惊恐地看着妈妈的雕塑从壁炉架上坠落，掉在地上碎成了碎片。大家相互看着对方，谁也没有说话。随后乔和亚当吵了起来，他们争论着这是谁的过错，又该由谁去告诉妈妈。我深深地松了口气，还好不是我扔的那个该死的台球。我们都知道罪魁祸首会被揍一顿，但结果比这还要糟糕。妈妈没有打我们，她哭了。

爸爸和我都害怕妈妈。记得有个周六的早上，爸爸被强迫地跟着我和妈妈一起去英佰瑞超市采购一周的食物。我们在一堆周六打折日大采购的妈妈们中排着队，手推车里装得满满的。轮到我们时，年轻的收银员说："25 磅零 25 便士。"

"不可能，"妈妈强势地回击，并且瞪着那个女孩，"你肯定多收了。"

而我和爸爸都盯着自己的脚不敢抬头。

"布丽奇特，别管它了，没关系的。"爸爸温顺地说。

"你再全部称一遍。"妈妈明确地表示，并完全无视了爸爸的话。收银的女孩翻了个白眼，但还是开始一件一件地重新称重。等待付款的队伍中不停地有人发出啧啧声，疲惫不堪的妈妈们在我们身后越聚越多，至少有 20 双眼睛直勾勾地盯着我们。我和爸爸沉默不语，羞愧地站着一动也不动。最终证明我们被多算了 1 磅 20 盎司，真是一笔巨款。

"我说吧！"妈妈耀武扬威地说道。当然，我和爸爸非常乐意多付 1.2 便士，而不用这样难堪。

只有一次，我目击了爸爸在争论中回击了妈妈。那是在车里，他们正在进行日常的"车论"。这一次，就在妈妈一如往常地对爸爸进行长篇大论的批判后，爸爸突然厉声说：

"停车，把车停下来！"

妈妈被爸爸不寻常的强硬态度吓了一跳，下意识地把脚踩在了刹车上。车都还没停稳，爸爸就已经打开车门，抓起他的书走了出去。"就这样吧，布丽奇特，我受够了！"

他头也不回地往前走，虽然他并不知道自己在哪儿，也不知道要走到哪儿去。我们三个坐在后排眼睛瞪得老大。

"爸爸，求你了回来吧！"我喊道。

妈妈沉默了片刻，似乎是在思考该如何处理丈夫这种不寻常的行为变化。随后她也下了车，走上前去向爸爸道歉，这个行为对她来说就像爸爸的反抗一样不寻常。

我知道妈妈也有温柔的一面，但她很少展现出来。她也可以很有趣，我记得有一次我们全家出去度假，她躲在一堵墙的后面捉弄我们。我们都在好奇她去哪儿了，直到看见她的脑袋慢慢从石砖后面钻出来，先是一小撮金色的卷发，然后是她的眼睛，看起来高兴又鬼祟，接着是鼻子，嘴巴，她就像一个卡通人物一样，只有头是看得见的。

我们几个孩子咯咯地笑着，盯着这个捣蛋的妈妈看看她接下来要做什么。她静止了一会儿，又慢慢地把头钻回墙后面。过了一小会儿，她又把头钻了出来，重新做了一次这个平时不会出现的傻表情，然后像小丑大王马歇·马叟一样鬼鬼祟祟地踩着虚构的台阶走了出来，我们都笑得摔到了地上。

我喜欢看见妈妈笑，但因为爸爸的疾病和家庭的负担，她的笑容已经不常见了，她似乎总有做不完的事。

后来情况变得更糟——妈妈生病了。我 8 岁时，她查出左边乳房里有个肿块，但她没有马上做出反应，因为她害怕了。我的妈妈，居然也会害怕？听起来让人难以置信，毕竟她一直都那么坚强。

她做乳房切除手术时，安排我们住在诺森伯兰郡的舅舅舅妈家。我坐在桌子前，从没有如此认真地写过康复卡，还在信封上画了一连串的小脚丫，希望即使兜兜转转，最后还是能找到回家的路。

我并不知道这意味着什么，我只知道妈妈生病了，知道她得了癌症。我知道有人因为癌症死掉了，但妈妈不会，她会好起来的。

她在手术期间，我们会去皇家自由医院探望她，还会帮着给她烤一些蛋糕，沏一些茶，但我并没有完全理解发生了什么。我只知道我要乖乖的，不能捣蛋。妈妈生病了，这意味着我们要帮助她，对爸爸也是，即使他看上去并没有生病。他的外表看不出有任何不舒服的地方，所以我们无法理解，更不知道要怎么帮助他。

一天晚上，妈妈在医院，我和爸爸待在家里。他在工作，我在沙发上看着电视。

"塔拉，该去医院看妈妈了。"爸爸坐在屋子的另一头嘟哝着。我翻了个白眼，《家族风云》8点钟就要开始了，而且这一集很精彩，马上就要知道是谁杀了乔治·罗斯·尤因了，我不想因为去医院而错过了好戏。

"我想待在家里，爸爸。《家族风云》开始了。"

"你确定吗，塔拉？"

"对呀，我明天再去。"我在心里叹了口气，窝在沙发上，眼睛直勾勾地盯着电视。

夜里爸爸从医院回来了。

"你妈妈有些沮丧，塔拉。"

"为什么？"虽然我知道答案。

"因为你没有去看她。"

"噢。"我答道，心里很愧疚。于是第二天，我做了个蛋糕带到医院。妈妈什么也没说，但我能从她的眼睛里看出她的失望。从那天起，我意识到了自己的自私。

我能记得一些妈妈生病时的事情，但这些记忆中没有任何附加的感情，只是单纯的记忆而已。当妈妈戴起假发时，我只记得自己觉得她还没到戴假发的年纪。我觉得这样看起来很难看，而且会让我难堪。我从来没有想过失去那头金色的卷发，或是左胸，对妈妈来说是怎样的打击。

她有一件用其他材料包着左胸的泳衣。她跟我说这样就不会看起来那么明显了。我觉得它看起来很奇怪，尤其是妈妈要自己把这块布缝上去，而且这块布是紫红色的，带着白色的小花图案，而妈妈的泳衣是深蓝的。

这些就是我能记得的事。只记得她生病期间的这些特征，而不是她的病痛或是心理创伤。

4

我向来不愿意妨碍别人或是让人讨厌。我看见了妈妈身上的重担，却不知道怎样做才能帮助她，于是我选择了退缩。我尽可能地避免冲突，不愿成为焦点。

在学校，我自始至终都是一个乖孩子。从来不犯错，也避免让自己受到关注。当老师在教室里表扬我，选我接受国家顶级体育教练的训练时，我尽可能地把头埋进桌子里。越是退缩越让我有安全感，而表现良好是我知道的唯一能帮助自己的途径。

想要挑着这样的重担前行，而且是持续前行，总要付出代价的。妈妈不只是一个母亲，还是一个父亲，一个工作者和一个病人。太多的事情把她的生活榨干，几乎没有空间让她展现自己柔软的一面。

为了生存，她顽强地抗争着。她开始吃素，突然有一天我们就开始吃生西葫芦和菠菜沙拉了。有一天我急匆匆地跑进客厅想要问她我的 T 恤在哪儿，却发现她正坐着冥想。每天她都要喝三杯胡萝卜汁，连手指都变成了橘黄色。家旁的杂货店老板看我们总买胡萝卜，于是问我们是不是养了只驴。而我，只是觉得这一切都很奇怪。

讽刺的是，我的爸爸想要结束自己的生命，而妈妈却拼尽全力让自己活下去。

妈妈努力地与病魔抗争着，却还是阻挡不住癌症，这一次，癌细胞转移到了肝脏上。

那天我们全家去威尔士露营，我们要去一个能提供食物的地方。真是太棒了，我心想。

如往常一样，妈妈开车载着我们。

“我们在这儿停一会儿，休息一下。”妈妈转过身对着我们说，“你们想不想来杯奶昔？”

“太好啦，妈妈！”

真是越来越棒了，我想，因为她一直都不允许我们喝奶昔。

妈妈走进了服务区的洗手间，我们喝完奶昔也没有看见她出来。我的兴奋渐渐被担心取代。

“妈妈怎么去了那么久？”

“她有些不舒服。”爸爸回答。

“噢。”

他没有再说什么，但看上去很担心，这让我感到害怕。我们三个安静地坐着。

大概一小时后，妈妈出现了。我看见她的皮肤因为黄疸病变得蜡黄，四肢浮肿，头发稀疏。虽然她一直很努力地想要掩饰自己的病情，但此时此刻，她什么也隐瞒不住了。我们眼睁睁地看着她的生命被癌症一点点地夺走。

我们回到车上继续赶路，妈妈什么也没说。从她生病到现在，她从未抱怨过一次。当她知道自己癌症复发后，她第一次坐下来，和我们谈论了死亡。当时我只有 12 岁，我满脑子都在思考：你在说什么？你不是在接受治疗了吗？你会好起来的，是有人因为癌症死掉了，但你不会的，你是我的妈妈，你不能死，你不能！

第二天我回到学校，忍不住地放声大哭。他们打电话给爸爸让他来接我回家，但他自己已经疾病缠身，无法为任何人做任何事。那天晚上我躺在床上悄悄地哭着，妈妈听见我的哭声，走了进来。她试图安慰我，却无法承诺我最想听到的那句话：她会一直在我身边。

就在那一刻我第一次感觉到也许她不会好起来了，这个世界从来都不是个安全的地方。“消失”这个词飘浮在空中，我拼命地想要把它赶到云层之外。

在她生病期间，只有一次，我看见了她的绝望。那一次爸爸叫我们去他们的房间，我看见妈妈蜷缩着躺着。爸爸坐在床沿上，弯着身子，手放在她的肩上。我从来没有见过这样的妈妈，她看上去很憔悴。

“你们的妈妈有话想跟你们说。”爸爸轻声说。

“我觉得死神就快要出现了，可我不想离开你们……”妈妈的气息很微弱，犹豫不决地说出这句话。

我们的回答非常能突显我们各自的性格。

姐姐坚强又理性：“妈妈，你要相信自己会好起来的，要坚强，要与病魔抗争。”

哥哥站在床边，在心里消化着眼前的一切。

我只是靠在妈妈身旁，哭泣着。

5

电话响起时，我正在和最好的朋友凯蒂玩桌游。是爸爸，他的声音听起来很不对劲。

“塔拉……嗯……我觉得你需要来医院看一下妈妈。”

凯蒂和我走到街上，两个 13 岁的女孩谁也没有讲话。因为我明白即将发生什么，她也明白。我们一直没有交谈，但我深深地预感到，这将与几年后那种让我难以忘怀的感觉一样，成为我灵魂的一部分。

我在十字路口和凯蒂道别，心神不宁地继续往医院走。

妈妈躺在医院的床上，意识并不是很清醒，看上去很疲惫。一位护士拉上了我们身后的帘子，我站在床边，就这样站着，看着。妈妈含糊不清地说着一些话，努力让自己的眼睛不闭上，并且她还在试图安慰我。我无助地坐下，脑子里一片空白，只有眼泪能表达我当时的心情。她就要离开我了，就这样慢慢地离去，而我却什么也做不了。

妈妈去世的那个周末，亚当和他的队友们正在达特穆尔参加远足比赛。主办方锁定了他们团队的位置，然后用直升机把亚当送回了伦敦，当时亚当只有 15 岁。

那天晚上我从睡梦中惊醒，就再也睡不着了。有一种阴森感向我逼近，万一妈妈在我去看她前就去世了怎么办？我要再看她一眼。我要跟她告别，我必须这么做……

我焦虑不安地从床上爬起来，一点儿也想不起来谁在场，也想不起来谁带我去了医院，我的这段记忆一片混乱。

晚上的急诊室看上去与白天不大一样，很安静，压抑且不真实，好像在召唤死神的到来。我不记得自己有没有告别，但我肯定说了再见，不然为什么我会在半夜去医院呢？这看上去很残忍，我竟然记不得那个时刻了，那个我最想牢牢记住的时刻。

亚当记得自己跟妈妈道了别。很久以后，我找到了一张从 A4 大小的笔记本上撕下的纸片，一头写着一串数学方程式：

$x/30+x=7/13$

$13x=7(30+x)$

$13x=210+7x$

$6x=201$

$x=210/6$

另一头是亚当细长的字迹：

致我所爱的人。

给妈妈的爱。

对一具将要踏入死亡的躯体，我能做的只是陪伴和目送。心如死灰，复杂的情绪让我流下眼泪，我心爱的人正在我眼前消失。此刻的她这样平静，这曾经是一个多么疯狂多么努力与疾病做抗争的母亲。灵魂的绞刑架就在我眼前，我将永生背着它前行。

他的文字生动地捕捉了离别的瞬间，那种瞬间就像有什么东西砍断了你与生活之间的那条绳子，那条把你与自己所爱的人，与周围的世界甚至是与你自己拴在一起的绳子。它一旦被砍断，你只能无助地挣扎着飘浮在空中，永远无法触碰到地面，然后与一切都分离了。它强行将紧握在手中的绳索砍断，两个心心相印的灵魂被残忍地分开，就这样给另一个灵魂的一生埋下了无法抹去的伤痛。

第二天清晨我醒来时，被告知妈妈在几个小时前已经去世了。她临终时是她的弟弟米切尔陪伴在她身边的，因为爸爸无法面对这件事。我不记得是谁告诉我她走了，是舅舅吗？还是舅妈？或者阿姨？我只记得我听到这个消息时的反应。

“很高兴听到这个消息。”

对于一个 13 岁的女孩，我觉得这是最成熟的回答了。妈妈不必再遭受痛苦，我应该为此感到高兴。但失去妈妈有什么好高兴的呢？我不知道自己应该做什么，也不知道应该有怎样的表现。什么时候我才能笑呢？妈妈去世时，我该做什么？没有人告诉过我。

关于妈妈走的第二天，我的记忆是断断续续的，朦朦胧胧，模糊不清。我不记得那种伤痛，只记得一些支离破碎的片段。比如舅舅家那只叫苏西的狗，它一直趴在楼梯底下发出呜呜的叫声，不让任何人靠近。我一直想着要如何看起来像个大人，比如去葬礼要穿得得体。为什么乔就能心安理得地穿红色衣服去葬礼，而我却连铁青色都觉得不合适？究竟有什么不一样呢？

关于葬礼，我只记得两件事。第一件事，我记得自己在努力地憋笑。舅妈在我身边用五音不全的嗓音唱着缅怀曲，我应该很悲伤才是，却在一旁拼命地憋住笑声，这与现场悲伤的氛围真是太不协调了，连我自己都斥责自己。第二件事，火葬场。我站在那儿，看着棺材被放上传送带，穿过那道帘子进入了火海。我想要冲过去抓住它，把它拉回来。我绝望地四处张望，没有一个人来阻止这件事。为什么？难道他们没有看见她就要不见了吗？难道他们不知道我没有准备好跟她告别吗？你们为什么就这样站着旁观，什么也不说？我在心里无声地喊着"不不不不不……快回来，不要离开我"。我想要冲向它，冲向妈妈，抓住她，和她一起进入火海。只要不失去她，我愿意做任何事。但我没有发出一点儿声响，身体也没有动弹。我觉得浑身发麻，被感情的枷锁束缚着，内心充满了恐惧。我就这样站着，悲痛欲绝又无可奈何。

6

爸爸的行为举止变得很奇怪，他从没有像现在这样高兴过，好像被一种疯狂的快乐附身了。他不停地说话，滔滔不绝而且非常兴奋，完全不像以前的样子。好像妈妈的离去对他来说是一件好事，还赋予了他无限的能量与激情。他计划着如何过新的生活，比如去餐厅吃饭，去寻找自由，规划着怎么花钱。我从没有见过他像现在这样。

渐渐地这种狂热演变成了妄想症。我记得那天我坐在最高的台阶上，抱着自己的腿，把头靠在膝盖上听着爸爸的声音逐渐变得愤怒。

“他们在跟踪我，我告诉你，是真的！他们以为我什么都不知道，其实我都知道！”

随后是邻居困惑的声音：“谁在跟踪你，谢夫？”

“他们监听我的手机，他们所有人，他们在偷听。”

“没有人在跟踪你，谢夫。”

我回到房间里，觉得很难受，又有些困惑。后来我才知道他认为自己被俄罗斯间谍跟踪了，而这只是他的妄想症中很小的一部分。17岁的乔听见了更多：他对她说他要搬到乡下做一个隐居的酒鬼（很奇怪，他从来不喝酒），然后他要把房子卖了，但不是为了钱，他说钱不重要，他要把收益都捐给印度的一家慈善机构。

葬礼期间，爸爸的弟弟也从加拿大赶了过来。他只看了爸爸一眼，就认定应该马上把他送进精神病院。之后，我们把他送进了精神病院。

一年后，爸爸可以在家里过周末了，后来慢慢地能待得更久了。

妈妈在去世前尽自己所能地做了一些准备，这样在她去世后我们就不会变得孤苦伶仃。我们都是未成年人，她不希望我们三个分开，或被陌生人照顾，她很担心我们的未来，因为她知道爸爸没有能力照顾我们。没有人知道或能猜出她去世后爸爸会有什么反应。

她为我们安排了家庭治疗。我觉得这些疗程很奇怪，就好像这个治疗师——一个总是在头上扎圆形发髻的高大女士，总是想要入侵我们的家庭。她固执地认为我们应该被分开寄养——我应该去最好的朋友凯蒂家，亚当应该去隔壁邻居家，而乔则应该去转角那个常和我们一起出去度假的那家人的家里。

她问我想不想和凯蒂以及她的家人一起生活，我不知道该怎么回答，也不想得罪任何人，但我的内心在大喊着“不”。虽然凯蒂和她的家人都很好，但这不一样，因为他们不是我的家人，我只想要自己的家，我想要我们一家像以前那样生活在一起。为什么我们就不能像以前那样生活呢？但我什么也没说出口。

在妈妈去世前她嘱托了她的弟弟米切尔和弟弟的妻子玛格丽特在爸爸无法顾及我们时照顾我们三个。妈妈跟舅妈关系很好，她们是多年的老朋友了。在她去世的前几个月，她们几乎天天交流。

虽然舅舅和舅妈是我们的法定监护人，但他们住在纽卡斯尔，离我们有几个小时的车程，而且他们还有自己的孩子要抚养。但他们依旧竭尽全力地保护着我们，想要让我们三个人待在一起，甚至不惜上诉到高等法院。

最终，大家商量出了一个解决办法。因为没有人知道爸爸要在医院待多久，乔虽然是个未成年人，但也已经17岁了，所以大家决定将我们家的一个房间租出去，我们三个每天去邻居家吃晚饭，每个周三晚上我要待在凯蒂家里。

乔总是选择去她男朋友家吃饭。那个时候我无法理解她为什么不愿意跟我和亚当一起吃饭。我希望我们三个一直在一起，永远在一起。

终于，爸爸可以回家过周末了，但他的狂热还没有完全消退。他一回家就想每天晚上都出去吃饭，这让我们觉得不舒服，我们一直都是跟着妈妈的节奏生活的，每周只有一次奖励——周六早上可以吃一个林迪茶室的奶油松饼。

一天在吃早餐时他对乔说："我知道我们要做什么了，我们要办一个晚宴！"他的语速很快，眼睛里闪着光芒。"乔安娜，就由你来帮我举办吧。"

"但是爸爸，我下周一有考试。"乔正在准备大学入学考试。

"我们要邀请所有认识的人，再请一个承办人，亚当和塔拉可以供应酒水。"

"爸爸，真的要这样吗？"

"我要穿我的黑天鹅绒外套，配什么样的衬衫和领带呢？淡紫色衬衫和粉色领带怎么样？"

爸爸在一个回家的周末举办了晚宴，他的确穿了那件黑天鹅绒外套，搭配着浅紫色衬衫和荧光粉的领带。每个人都礼貌地微笑着，喝着酒，看起来很愉快。第二天爸爸就回医院了。

我是不是在担心他会发疯呢？看见他这样开心我觉得释怀吗？

我有没有因为妈妈才刚去世而他却在这里举办宴会而生气呢？这些我都不知道。

后来，他在医院待了一整年。我记得我去看他，穿过医院修剪得整整齐齐的草坪，前台接待处很安静。我穿过走廊来到他的病房，透过门上的玻璃窗我看见他弓着腰背对着我坐在床尾。

靠近床边时我有些害怕，因为不确定坐着的是谁。记得上一次我看见他时他还因为刚从图书馆借到新书而兴奋不已。

“爸爸？是我。”

没有人回应。

“爸爸，是我。”

他抬起头用空洞的眼神看着我，眼里没有爱，甚至好像都不认识我。我弯下腰亲了亲他的脸，想要拥抱他，希望他能有所回应。他犹豫了一会儿，缓慢地举起手，轻轻地拍了拍我的背。

“你觉得怎么样，爸爸？”我想给他一个微笑，但他并没有看我，只是一直盯着自己的脚，随后闭上眼睛，又沉浸在自己的世界里了。

“爸爸，我拿了伦敦校园运动锦标赛跳远第一名，他们还把这个事写到了报纸上，但把我的名字写错了，写成了塔拉·霍尔。”

“真棒，亲爱的。”他的声音轻到我几乎听不见。

我回到家，拿出妈妈去世前给我的白色信封。她给我们每个人都写了封信，让我们在她去世后有个能保存的东西，一个可以握在手里的东西。我拿着这封沉甸甸的信，盯着自己的名字，是妈妈的笔迹。一滴泪水从眼眶中溜了出来，打在我的脸颊上。我小心翼翼地拆开信封，打开这封信。眼泪肆无忌惮地流淌着，几乎要弄脏信上的字迹。我读了一遍又一遍，苦苦搜寻着答案，收集着妈妈的爱，在字里行间找寻她温暖的拥抱。

塔拉，我亲爱的宝贝。

真希望你能在很久很久以后才会读到这封信。我想给你们每一个人都写一封信，让你们能够时不时地想起我这个曾经的妈妈。亲爱的，我让你失望了，只陪你度过了一小段人生。你会想我的，我想你应该会的，但当你从最初的震惊和伤痛中恢复过来之后，我相信你们能相互照顾，因为我知道你们很在意彼此。我知道爸爸需要帮助，我也知道你会帮助他的，你会给他很多的拥抱。

我好想看着你长大，看着你结婚，然后有自己的孩子。这是所有母亲都希望看到的，但我没有这机会了。宝贝，不管你接下来的人生要怎么走，我只希望三点：第一，要幸福快乐；第二，要对社会有贡献，要帮助他人关爱他人；第三，要结婚，有自己的孩子。因为我知道孩子们会给你数不尽的快乐，就像你们带给我的快乐一样。

我缩在床上，想要从这封信中找到更多的智慧，更多的爱、情感和帮助。你去哪儿了，妈妈？我需要你，你快回来……

这些话在我的脑子里转来转去，我不停地寻求安慰却终究没有回音。我想从这封信中得到的太多了，我想得到人生哲学和对生命的启迪。我常常在想，妈妈的信会对我们三个人分别产生怎样的影响呢?

我的信没有落款，这是我们的家庭治疗师发现的。亚当的有，乔的也有，只有我没有。在这之前，这封信一直给予我安慰，但知道这件事后，它让我变得不安起来——难道我是被遗漏的那个？她写完这封信了吗？这是不是意味着她更爱亚当和乔？她还想要说些什么？我是不是错过了什么至关重要的爱意或指引?

在后来的日子里，我一直敞开着这封神圣的信，每当我觉得在世间得不到关爱时，我都会在这封信中寻找爱与答案。

7

妈妈去世的一年后，爸爸从医院回来了。虽然他的身体在家，但精神上他却在别处，好似有一根随时都有可能折断的线拴在他的脑子里。他像是在一个黑色的泡泡里，很难有人能靠近他，与他亲密相处。

每天，连活下去对他来说都是一件难事，更不用说养家或做家务。和他一起生活很辛苦，我们不知道该怎么照顾他，就像他不知道该怎么照顾我们一样。

他回家的六个月后，乔去了诺威治大学，留下我们三个盲目地摸索着。我学着像妈妈那样给爸爸熨衣服，做饭，洗衣服。

妈妈去世后的一年，14 岁的我开始进入生理期。没有人告诉我该怎么用卫生棉条。我买了一包十个装的卫生棉条，在厕所里待了一个小时，不知道该怎么用。我变得焦虑不安，为什么别人似乎都能正常使用而我却不会呢？也许是我有问题？直到浪费到第十个，我终于学会了。

我开始抽烟，只是为了努力适应现在的生活。虽然我经常斥责亚当和乔抽烟，不断提醒他们妈妈就是死于癌症。而爸爸当然不会注意，就算我在他面前点烟他也无动于衷。直到一年还是两年后，他看见我手里拿着香烟，惊讶地说："唉，塔拉，我都不知道你会抽烟。"

我和朋友一起扫荡了家里的酒柜，因为我知道爸爸不会注意到这件事。一天晚上，在喝光所有的酒后，卫生间的场景就像医院病房一样：我的一个朋友醉倒在马桶上，另一个在水槽里，还有一个在浴缸中不省人事，而我是唯一一个站着的。就算喝完一整瓶伏特加，我也不会完全放松自己，不管有多醉，总有那么一股责任感支撑着我。

毕竟除了我，还有谁能照顾爸爸呢？后来我不得不教他一些最简单的事，以及一些日常基础知识，比如洗碗、扫地以及做饭，每件事对他来说都是一个巨大的挑战，就像学会使用洗衣机。妈妈的身体状况变得糟糕后，她终于屈服买了一台洗衣机，但使用它对爸爸来说尤为艰难。我把每一个步骤清清楚楚地用笔写下来：

第一步：把白色衣服和其他颜色的衣服分开。

第二步：把衣服放进洗衣机里。

第三步：把洗衣机的门关严实。

第四步：打开盖子，倒一勺洗衣粉在最左边。

诸如此类……爸爸不仅觉得这些步骤晦涩难懂，要逐条分析，而且还会不停地给出他的意见，认为制造商应该改善设备。三个小时后，他还没有分析到第四步，而真正的洗衣过程从这里才开始。我想我开始理解你以前是什么感觉了，妈妈……

有时候做作业我遇到难题，会忍不住找他帮忙，但总是徒劳无功。他会说一个小时的长篇大论，分析这个问题概念背后每一条可能存在的理论，最后只会让我更困惑。我本来只是想要一个“对”或者“错”的简单回答而已，真是太难了。

爸爸总是在全神贯注地处理传递到他脑子里的每一个信息，就算你在街上从他身边走过他也不会注意到。有一次，我的朋友打电话找我，爸爸对她说我出门了，要几个星期才会回来。第二天早上我进门时，他看到我后觉得很困惑。我们的邻居也曾笑着告诉我，他们曾看见爸爸提着一袋柴火在街上走，有一根木头从袋子底部的一个洞里掉了出来，当他发现时，很认真地掉头去把它捡起来，然后小心翼翼地放进袋子里，又继续走。直到又有一根木头从那个洞里掉出来，他就再一次往回走，弯下腰把它捡起来，又耐心地放回自己的袋子里。他就这样一路走一路掉着木头，邻居们都觉得很滑稽，而他从没有想过要去修补袋子底的那个洞。

你瞧，我的爸爸就是这么独特，是造物者创造出来的古怪又神秘的个体。他活在另一个世界，在这个世界里，比如他的女儿在哪儿，怎么用洗衣机等，这些信息都被丢弃了，它们并不占用他的大脑内存，他的大脑是用来处理更重要的信息的，比如大脑中的痛觉神经是如何对麻醉剂做出反应的，又或者是印度该如何解决社会经济问题。就好像爸爸的大脑被设置在智能模式，所有接收到的任务都要经过认真的处理和分析。

而我想要的，只是让他变得“正常”而已。我总觉得没有归属感，所以一直努力穿“正确”的衣服。20 世纪 80 年代中期的伦敦，流行破旧的红旗标李维斯 501 牛仔裤，而且裤腰至少要腰围的两倍那么大，然后用一条粗皮带系着。如果裤脚正好长了一点点，那就可以拖在地上磨出毛边，这样一来就更潮了。

有一天晚上，我打算跟学校最拉风的那帮人出去。我穿上一条最潮，最破的李维斯501，在身上狂喷安妮小姐的香水，甚至还化了妆。

我站在镜子前好几个小时，还涂了妈妈以前的鲜红色唇膏，我觉得每个女人都会这样。这是一个化妆新手的惨痛经历，我并没有考虑自己的肤色，头发和眼睛的颜色。

出门后，我感到浑身不自在。站在卡姆登镇地铁站的站台上，努力地想着要说些很酷的话，或者至少要表明一种很新潮的观点。但很显然，演戏不是我的强项。我听到身后五十英尺外一个女人的声音，是那种超级时髦又漂亮的大众宠儿的声音。

“看塔拉……她真奇怪。”她大声地喊着，又重复了一遍，生怕有人没听见。

我愣住了，被她的攻击打得体无完肤。无论我曾经看起来是多么的自信或自爱，在这一刻全都崩塌了。我觉得自己格格不入，现在大家都知道了这一点，也都这样觉得。

只有哥哥能理解我。

跟亚当在一起时，我就会很有归属感。他让我觉得安全，也不会不自在。我们并不经常讨论彼此的感受和伤痛，但自从妈妈走后，我们两个总能相互理解。

8

亚当生得俊俏，巧克力色的肌肤，头发光泽有弹性，下巴也很有立体感。他很高，只不过强健的肌肉让他看起来不是高挑型的，他的身上没有一丝多余的肉。上天给了他非常聪明的大脑，同时他又很敏感，善于思考也善于提问。19岁时他在自己的日记里写了这样的话：

> 为什么我这么善于反省？我独自求索，似乎已经知道自己想要从人生中获得什么，但不能百分之百的肯定。我总是这样不经过大脑，任由文字宣泄。也许只有在这种情况下，我才能为自己点亮一盏灯。是我在奋笔疾书，但感觉起来却好像在看着自己记录别人的观点，而这又反过来改变了我的写作内容和思考方式。

他很优秀也很聪明，而且为人谦逊。有一次他被选中参演电视剧《黑暗之影》，海选时打败了几百个竞争对手，但直到马上要开拍了，需要跟学校请假几天时，他才跟我们提起这件事。他对自己的才能感到害羞，好像自己不值得拥有它一般。他还是个有爱心的人，总是为别人考虑，总是关心和照顾其他人。

> 最后几天让我感触良多。我心里满是感动与同情，但

为什么我们心中有如此强烈的感情，在言语上却要抑制它们呢？我想，如果我能像行文一样用言语把这些话说出来，这些话定能把我的心境表达得淋漓尽致。但往往我不会这么做，因为直觉告诉我，在日常生活中，这样的表达会显得矫揉造作。

作为一个18岁的男孩，他的圣诞节是在帮助流浪汉中度过的。他孜孜不倦地质疑生活，质疑幸福的定义，特别是在印度旅行的时候。

德里永远是熙熙攘攘的，上百万的人以自己的方式忙碌着。很奇怪，我会想起他们。他们究竟在做什么？他们怎样获得快乐和幸福？活下去是不是就是他们最大的渴望？为什么我要思考这些我也不知道答案的问题？如果我想的是伦敦，那么这些问题就容易回答了——上百万人为了赚钱每天都会工作，然后通过花钱来享受生活。

人们天生就知道如何适应生存环境，但水平不一。我不知道这种差别与环境本身有没有关系，也许有，因为没有人喜欢挨饿。对这些人来说，或许填饱肚子获得的幸福感比我在酒吧待一个晚上获得的更多。

亚当非常关注社会正义，但尴尬的是，他在成长过程中受到了比我们更多的优待，而且在私立学校上学。我们三个就读于不同的学校：我在一个口碑不错的公立女子学校，乔去了一个很一般的本地综合学校，而亚当在一个有名的私立学校。虽然是他的教母帮他支付学费，但这依然很奇怪——爸爸和妈妈两个人都支持社会主义，那么为什么要让亚当在私立学校读书呢？我觉得我的父母并没有意识到他们这样的决定会造成怎样的后果，尤其是对亚当和乔的影响。

这样的分配对乔来说很不公平，她自己知道这一点，亚当也知道。乔对这种不公平的行为充满了怨恨，这让亚当很内疚。因此，他对成功的渴望就变得更强烈了，这也让他有了巨大的精神压力。

玛格丽特舅妈经常来伦敦看我们，帮着调解一切冲突。

“亚当偷了我的网球拍！”

“我没有偷，我只是借而已。”

“他总是能得到一切，为什么他可以去私立学校？”

“这不是我说了算，乔，这是爸爸和妈妈的决定。”亚当轻声说。

我讨厌这种争执。

我曾希望妈妈的离世能让这个家团结起来，希望每个人会因为共同的悲伤而变得统一，让我能重新有一个完整的家。然而事与愿违，大家只是沉浸在自己的悲伤中。四种悲伤在空气中肆意地飘浮着，有时会失去控制，有时又能和平共处一段时间，有的时候会减弱一些，有的时候又增强了，但从来没有交集。

亚当喜欢乔，我们俩都喜欢她，把她当作偶像，希望能与她亲密无间。他曾在日记中这样写：

亲爱的，最爱的乔比。我该说什么呢，我只是很爱她。我很想给她写信，但我知道，虽然我非常想说一些正确的话，但一定会说出一些错误的。我非常非常爱她，尊敬她，说实话，我想要告诉她，想要表达这一点，想要表现出我的感情。我也知道如今自己这样的我行我素是不对的，但这是多年以来生在骨子里的性格，不容易改变。

亚当曾给我们写便条，称呼我们为“大妹妹”和“小姐姐”。我是大妹妹，因为我个子又高肩又宽，还很结实，年龄却是最小的。乔虽然个子小，但在其他任何方面都很“大”：能力、效率、心态，就像妈妈一样。妈妈去世后，我们总觉得她的脸上写着“请勿靠近”这四个字。

亚当一直努力想要被乔接受：

听起来有些可怕，我对乔比心怀敬畏，甚至是一种害怕的感觉。也许“害怕”这个词不恰当，但我不知道该怎么让她知道，虽然我没有她那么善于社交和表达，但我还是我，能以自己的方式处理事情。有时候她好像总在防止我做让自己难堪的事，还有些时候我觉得她不喜欢我。这也正常，我确信我知道她在意的是什么。哦不，我不知道，但我依然尊敬她，而且我爱她，因为她是我的姐姐。

我也觉得乔很难接近，她在情感上与我们产生了距离。直到现在我才明白，只有这样她才能生存下来。

亚当和我一直在寻求那些我们已经失去了的东西：无条件的爱

和抚慰。因为爸爸不能给予我们这些，所以我们把希望寄托在乔身上。而我们却没有意识到自己在不经意间传递给彼此的压力——我给亚当造成压力，而亚当又给乔带来压力。我们只知道自己很痛苦，很空虚，没有人想要这些负面情绪。

乔和亚当完全相反，悲伤和失去只是再次强调了他们性格上的不同。我们失去了同一个人，而我们对这种失去的理解和对空虚的感受却大相径庭。我羡慕乔，羡慕她和妈妈的关系。她们总是争吵，但依然可以做朋友。我知道她们有一种特殊的关系，我多么希望自己也能与妈妈有这样的关系。我希望我能像朋友那样了解妈妈，而不只是单纯的母女关系。

我没有注意到妈妈去世后乔身上肩负的责任给她带来的压力。那时她已经高三了，正在准备大学入学考试。她想在考完后休息一年出去旅行，但为了我们她牺牲了自己的休息时间。而我，却一点儿也没有发觉她的压力，因为我只关注自己的世界，觉得她总是不在身边。我希望她能填补妈妈的空白，就像亚当一样，我也在努力获得她的认可和爱。

我就像在苦苦搜寻着一块岩石，或者搜寻任何能帮助我让脑袋浮出水面的东西。但这些岩石似乎都布满了青苔，每次我把手放上去，它们就滑走了，留我一个人在混沌的水中无法呼吸。我绝望地想要寻找一个坚实的支撑，让我能靠着它喘口气，最后，我找到了亚当。

他就是那块我能暂时踩着的岩石，站在他的肩上，我才能浮出水面，继续爬上那座隐形的山峰。我紧紧地贴着他，身下是万丈深渊。我们从不谈论妈妈，只是相互爱着彼此，照顾着彼此。

9

亚当和我有一种特殊的联系，只有他能懂这一点。这就好像我们在各自的悲伤中飘浮着，但每人都抓着同一条纽带上的一个小分支，它把我们连接在一起，防止我们独自飘浮。我的卧室里有一幅名为《生活的艺术》的画，上面画着两只热气球，一面在阳光的照射下，另一面在阴影之中。每只热气球里站了一个人，他们相互伸着手想要拉住对方，但是够不着。虽然两只热气球是分开的，但有一条绳索将彼此串联在一起，就像亚当和我。

有一天，亚当一瘸一拐地进了家门，我问他怎么了。

“我的脚受伤了。”他没有看我。

“我知道，我看见了，我是问怎么弄伤的？”

我感觉到他有些尴尬。

“我就是……踢了门。”

我忍不住大笑起来：“门是最好的打架对象了。”

他笑了笑，没有说话。

后来我才知道实情。那天爸爸把钥匙忘在了电影院，亚当叮嘱他回去把钥匙找回来，但爸爸说自己不想走回去，要把门锁换了，这让亚当相当恼火，所以他才踢了门。这虽然是件小事，却是亚当所有的不满与愤恨正在扩散的标志。

我喜欢跟亚当待在一起，大部分情况下他会接受我待在他旁边，但有时候我也会惹他生气。

有个周六早上他在看体育节目，我就在他旁边坐着。

“亚当，我好无聊。”

“去看书。”

“跟我说说话吧……”

“我在看足球。”

我用手肘戳了戳他想要让他理理我，但不小心戳错了地方正好把他打痛了。

“够了，塔拉！”他的脸痛得皱成了一团，“你为什么总是这么扫兴？”虽然他这么说，但我知道他不是认真的。因为他爱我，就像我爱他一样。

他在派对上的杀手锏就是让我和他的朋友掰手腕，看着自己的妹妹打败所有人这件事让他很享受。他总有时间陪我，让我觉得自己很特别。这是他的魅力所在，他能让周围的人觉得很温暖。

如果我被欺负了，他会挺身而出；如果他的朋友喜欢上我，他也会告诫他们要和我保持距离。我们因为彼此而骄傲，并相互保护着对方。

亚当是邻居口中的“别人家的小孩”，他聪明、机智又健壮，还是橄榄球和板球高手。我喜欢看着他在马路上上蹿下跳，往树上投各种“球”。

男孩子想要成为他，而女孩子想要跟他在一起。她们每天早上都会爬到高高的山顶上，就为了看亚当骑单车经过。一伙人咯咯地笑着向亚当暗送秋波，这让他十分尴尬。

我会跟着亚当一起去酒吧，然后就会变成“重要人物”——女孩子们想要通过我来接近他。他很迷人，也很有趣，而且有一种自己特有的幽默感。虽然每个人都喜欢跟他待在一起，但跟我一样，他能感觉到汉普斯特德交际圈的虚伪。他就读的学校，他的个人魅力让他成为这个圈子里的一员，但他并没有融入其中。他天性朴实真诚，周围横飞的飞吻和虚伪让他很不自在。和我一样，他也在挣扎着寻找归属感：

好吧，我应该会买今天晚上试过的那件衣服，镜子中的我看起来很特别。但是，是因为我自己真的喜欢这件衣服呢，还是因为别人觉得我穿这件衣服很特别，但跟我是不是适合没关系呢？我想应该是第二种可能，这种我自己最不愿意承认的可能。

亚当被选为学生会主席这件事一点儿也不让人觉得意外，更不意外的是，他没有告诉我们这件事。他是一个学霸，做什么都有天赋，但他的好胜心和完美主义也让他付出了代价。妈妈去世前写的信增加了他的负担，虽然她在写信时没有料想到这一点。

亲爱的亚当：

我不知道你什么时候会看到这封信，我写它时你是15岁。我想要让你知道，你是我引以为傲的孩子，我真的好爱你。你的人生还有很长，但我只能陪你度过其中的一小段，一想到这件事就让我觉得伤感。我知道你们会想我，但当你们从伤痛中走出来后，我相信你们都能重拾自己的人生，并将它们拼凑完整，让生活变得更有意义。伤心会渐渐地消失，最终幸福的回忆会支撑着你们走下去。

亚当，你在我的人生中有一个特殊的位置。唯一的儿子，总会让妈妈感到骄傲，让妈妈对你充满期盼和希望。我们都非常努力地让你拥有我们觉得你可以从中获得很多的教育，这点我想你自己也明白。但对我来说这不是件容易的事，你知道我信仰社会主义哲学，并不相信精英教育这一套。但另一方面，我又相信一个小伙子的潜能是需要鼓励的，需要有一个平台让他完全发挥出自己的潜能，而你，有许多的潜能等待发掘。你勤奋、专心又目标明确，我相信这些潜质都能让你在好的大学里获得一席之地。我相信这是你追求的目标，也是你爸爸和我希望的目标，当然，你想要做什么最终还是要由你自己决定。我想着你能进牛津或剑桥，家里至今为止还没有人能进入这两座学府，也许你能成为第一个。话又说回来，不管你去哪儿，一定要好好享受自己的大学生活，哎，你的爸爸可能难以在经济上资助你，但你可以申请助学金，可以靠它生活，很多小伙子都这么做。

在生活中，你投入的越多得到的也就越多。要记得无论你在做什么，你都是社会的一员。生活在大千世界里，每个公民都要对社会负责，要关爱社会，给予爱心，与他人共同承担起社会责任。

我知道，你一定会帮助爸爸的，他需要你的帮助。乔可以照顾好自己，但塔拉会非常需要你。你们要尽力互帮互助，去了解彼此所需。乔的整个青春期都让我很放心，我相信你也会一样。最后的最后，亚当，要快乐，要幸福。

再见了我的儿子，祝你一切安好。

爱你的，妈妈

亚当经常阅读这封信，一直把它带在身边，就像我一样。这封信传达的信息很清楚：他要完成妈妈的期望，要考上牛津大学，要有社会责任感，要回报社会，要帮助爸爸和妹妹。妈妈在不知不觉中给了自己的儿子一杯毒酒，这杯酒里装满了她自己的期望和梦想。她非常真诚地写下这封信，向儿子倾诉了母亲的爱，希望这些简短的文字能给他的人生指明方向。但她也埋下了一颗难以想象的压力之种，一直压在亚当年轻的肩膀上。这些话只在妈妈人生中的一天里出现了几秒，却压在哥哥的身上一辈子。亚当在意这些话，跟随着它们的引导度过青春期的困惑阶段，并将它们视为自己的目标，苦苦搜寻着自己在世间的位置和归宿。

10

我走进亚当的房间，桌上有一堆纸和书，还有几个空的咖啡杯，他刚参加完牛津大学的入学考试。

“怎么样，亚当？”

他耸了耸肩：“太难了，我只能说我写完了。”

“反正你也不想去，如果你去爱丁堡会更快乐的。”

他看上去对自己很不满意，我应该更关心他的。

亚当被牛津大学贝利奥尔学院录取了，攻读化学专业，正如妈妈和爸爸所期望的那样。他还是那样看上去满不在乎，对自己的成就表现得谦逊又低调。他也不知道自己该朝着什么方向继续走下去。

在升学前，他决定用一年的时间旅游，先去了法国，之后又去了印度。在他去旅游的这段时间里，我异常想念他。我在学校里准备着大学入学考试，只有我和爸爸两个人在家。母亲节是最难熬的，尤其是亚当不在的这个母亲节。我觉得空虚又孤独，多么希望他能在身边。那天他在法国的格勒诺布尔，刚刚读完劳伦斯的《儿子与情人》，还在他的日记本里摘录了书中的选段。

母亲节，1988 年

对我来说……

他们不屑跟一个外人建立一段感情和寻常的友谊，总是不断追求一些深刻的东西。对他们来说，一般人似乎又浅薄又平凡，并且微不足道。因此他们在最简单的社交方面也很不习惯，显得格格不入。简直活受罪，然而又自认高人一等，傲慢不逊。他们在心里倒也渴望精神上的亲密，可这种亲密他们又没办法得到。因为他们太麻木不仁，对待别人一概愚蠢地表示蔑视，所以把每一条密切交往的门路都堵死了。他们要的是真正的亲密，可是他们连一个人都没好好接近过，因为他们不屑走出第一步，他们看不起与人们建立普通交情的琐碎小事。

和我一样，亚当也渴望能在母亲节有亲密感，能与别人有联系，渴望着拥有更深层的东西。于是他如饥似渴地阅读着，想从书中找到能表达他内心难以描述的渴望：

天哪，多么希望我是这些故事中的人啊。不难理解，就像陀思妥耶夫斯基说的，他们的现实会更真实吗？我们是否只是他们的非戏剧化版？只是无法像他们那样表达我们的情感而已。

亚当在书中找到了一丝能将自己的现实与之相联系的微弱的情感，书能宣泄出他无法向这个世界表达的情感。我找不到归属感，哥哥也一样。他唾弃自己无法与周围的人和事产生共鸣。但对我来说，他就是我的共鸣。

他从法国回来后，在家待了几个月，为了存钱去印度。这是我最快乐的几个月，因为有哥哥在身边。他会带着他的妹妹去酒吧，几乎每天都要跟她解释什么是电极电位。7月，他和他最好的朋友丹尼以及他的日记本去了印度。

我好想他，没有他的房子感觉空荡荡的，但他会给我寄一些满载着他奇特幽默感的信，称呼我为“大妹妹”。

我亲爱的，最爱的妹妹：

我都不知道自己为什么要写信给你，我发现我这辈子从未收到过你的回信，对不对，小懒虫？等等……在我记忆的某处有个“嗨，好好玩，爱你的塔拉”。嗯……没错，我想这个可以等同于回信了，写得非常好！天啊，希望希腊不会让人难以忍受，也不会有任何有违常理的事发生，比如酒啊，毒品啊，和男人共度良宵啊之类的。但文化体验我倒是非常喜欢，因为它是这次旅行的目的。说到这点就不得不提到提吉节了。嗯……你知道9月16日，一个平凡的日子，也是一个好日子……是我的生日（我觉得你不会忘记的）。鉴于那天我正搭乘着一辆非常“有味道”的印度火车去德里，所以我觉得18号回家的时候，应该会有一桌丰盛的晚餐或者是类似的东西在等着我。是不是很美妙，塔拉？对，我觉得你会喜欢这个主意的。可恶，信纸要用完了，到时见啦。

爱你的哥哥

我笑了，我并不知道原来他也需要我。有一次，妈妈生病了，我们所有人都忘记了亚当的生日。那天已经过了一半了，他轻轻地提醒我们“我现在要变成一个大男孩了”，妈妈又内疚又担忧。从那以后，这就成了家里的经典笑话。我也用同样轻松的语气回了信：

如果你表现良好的话，我可能会准备一顿晚餐等着你回来。

我得意地笑着。他好像没有不高兴，因为他在自己的日记本上写了：

很快我就要20岁了，青春期将成为过去式，但本质上我还是我。其实生日不会改变一个人的本身，改变的是别人对他的期待。对我来说，20岁已经老了，但我明明还很年轻。时间一点一滴地流逝，正如尼赫鲁所说，现在是过去和未来的高潮，这三个我们必须经历的阶段一直不断循环，让我们感激生活的多姿多彩。所以，年龄根本没有什么意义，它只是“现在”的其中一种时态。

我知道他对印度有多着迷，在印度他能自由自在，摆脱在伦敦的所有压力。但这一年不同，那种无忧无虑的魅力消失了，被一种让人不安的黑暗阴霾所取代：

> 我还是能感到剧烈的痛苦和空虚，却无法完完全全找到它的来源。世界各地的生命突然变得渺小，变得无关紧要了。这里的一切都很奇怪，还有一种可怜的悲哀感，就算在这里死去也没有人会注意到。上帝啊，多希望有人能陪陪我，我想见乔，见塔拉，见爸爸，我那可爱的爸爸。

我在哭泣的时候，亚当在奋笔疾书，在如饥似渴地阅读，在踢那扇该死的门。印度唤醒了他爱分析的大脑，一个19岁的男孩，不停地质疑人生，被妈妈的临终希望折磨着。

> 我知道生活是自己建立的，但它还是让我感到恐惧。我不停地质疑：我可以成为我吗？我真的能做那些我想做的事吗？我配得上我拥有的机会吗？在这里，在印度，我看到了狂热的人。他们跟随着自己所想，不质疑，不困惑，不去管自己是否能得到他们想要的，或得到他们被认为应该得到的，他们有的只是对生活本身的热爱。
>
> 我知道我该做什么，我应该丢掉所有的疑虑，鼓起勇气去追求我想要的，不要在乎结果。我不是一个勇敢的人，但很幸运我现在意识到了这一点，我应该让自己成为一个勇敢的人。虽然生来不勇敢，但可以通过努力变得勇敢，

勇敢地向着这个世界迈进。我亏欠了太多人，不能辜负他们。

没有人知道他内心的混乱，他一直掩藏着。人们只能看到那个积极向上、有爱心的亚当，那个在爬喜马拉雅山时会停下来往山下走，帮助他的老师完成多年来一直没有成功的登顶梦的亚当，那个永远照顾着自己的妹妹和朋友的亚当……这是身边的人看见的亚当。

只有他的文字才能暴露那个矛盾的、充满质疑的真实的亚当，与他向世人展示出来的自己是那么的不一样。他总是在孜孜不倦地寻求对世事的理解，寻求内心的纯净，寻求真正的明晰。

这一刻，我觉得身体里有什么东西在流逝，好像我作为一个人的属性正在消失。上帝啊，保佑我不要再一次变成没用的外星人。我也想变得狂热，但我的心智时而成熟时而幼稚，时而不在状态，时而又焦虑不安，这样是无法得到纯净的感受的。

20 岁生日之后的几天，他从印度回来了。我无比想念他，每天都在数着日子等他回来。

他进门时我非常吃惊，不只是他所穿的印度服饰让他看起来像个陌生人——他的脸色惨白，眼窝凹陷，看上去异常憔悴。我的兴奋瞬间变成了恐惧，感觉到有什么不好的事情发生了。

“你怎么这么晚才回来？”

“我在机场被搜身了。他们在我的包里找到了一个烟斗，然后就让我脱光衣服接受搜身，他们看了我的日记。”

“亚当，你在发抖。”我困惑又担心地看着他。

他的表情很茫然，好像灵魂不在这儿一样。站在我面前的这个人让我觉得不像我的哥哥。

“很高兴回家了。”他说，但他的声音和身体语言看上去一点儿也不高兴。

我站在那儿等待着他说些别的，他的确又说了些话，但不带任何感情：“我走在街上，有个小个子的老妇人经过我身边时对我说，‘不要像那些在这里的印度人那样’。”

我暴跳如雷：“亚当，你应该告诉她你就要去牛津大学了，还是学校的学生会主席，看看她会怎么说！”

我气得要爆炸了，她怎么能这么说？她难道不知道他很完美吗？

他那鬼魅般的脸上满是绝望，我就站在那儿，看着他的意志在我眼前崩溃。我想要他重新变回亚当，变回那个正常的、幽默的哥哥。我想要伸手去抓住他，把他从那个糟糕的世界里拉回来，但他好像在一道防震玻璃的后面，我怎么也无法靠近。他看着我，眼里毫无生气。

“我们给你买了一辆自行车作为生日礼物，你可以在牛津大学里骑。”

“谢谢。”他回答道，没有一丝兴奋。

那个时候，我只知道看上去、感觉上，他都完全与我隔离了，也与这个世界隔离了。

11

两个星期后，亚当去了贝利奥尔学院。临走前，他在厨房的桌子上给我留了一封信。

亲爱的塔拉：

照顾好自己，我会很想你的。还有，宝贝，有时候就算发生了看上去很糟糕的事，要记得，我们所有人，乔、爸爸和我，永远都会在你身边。如果你想找人说话，随时可以给我写信。我也会给你写的，毕竟刚到那里我也会觉得孤单。

爱你的亚当

另外，我们都在为自己而战，就算有时候我们看起来对一些事无能为力，但最后总能成功的。

亚当不想去牛津，因为精英主义让他浑身不自在。我曾劝说他选别的学校，不需要遵照妈妈和爸爸给他设定的未来行事，但他却把进入牛津大学当作自己的使命。

而印度，则进一步加深了他的不自在。他满脑子想着的都是在那儿看到的不幸和苦难，同时更强烈地感受到了社会的不公。自己幸运的人生，现成的资源优势与印度数百万贫困的生命形成强烈的反差，成为他永远无法调和的矛盾。

> 在火车站附近的餐厅用餐时，我们看见了一个印度贱民，连种姓制度都将他排除在外的男人。他四肢贴在地面上清洁着肮脏的地板，这让我很愤怒。这是一个人，是“上帝之子”，却要永世做这样的事。社会让他变得多么脆弱，多么的不堪一击，他就这样接受了自己的命运。我的脑子里出现“站起来，像个男人一样”的想法，但它们并不是我的思绪，只是一些电影片段中的陈词滥调。但是，上帝啊，我的心里满是悲伤，多么想为他谋取一个做“人”的权利！人性是多么的卑劣啊，我想让他站起来，以一种“这也太落后了！”的方式把他拉起来，对所有人怒吼：“这是一个人，不是畜生。”但是一如既往，我把这些思绪都记下来，这一切是这样的落后，这样的不堪。那帮指使他的人为什么要这样高人一等呢，圣人会让乞丐有尊严的……天哪，我真的是在胡言乱语，快闭嘴吧。

亚当的世界与他的良知在对抗。为什么世界上数十亿的人在挨饿时他能去贝利奥尔呢？在他目之所及处没有公平正义，也没有一块净土能让他安身。连为流浪汉做的公益活动也不能减轻他的愧疚感。

17 岁的我即将面临大学入学考试。我参加了周末“雷励行动”的选拔，这个公益组织专门让年轻人有机会在发展中国家体验社区工作和野外探险项目。学校邀请了曾经参加过探险活动的人来进行经验分享，我一下子就被吸引了。

亚当给了我一本 SAS（特种空军部队）生存指南。我认真地一页页翻读，希望自己能被选中。

第二周，我便迫不及待地跟亚当分享上个周末的点点滴滴。

1988 年 10 月 10 日，周一

亲爱的亚亚：

你最近怎么样？我很想了解你的近况，希望收到你的回信。你知道吗？你的小妹妹（应该说大妹妹）可能会来看你哦。

我刚经历了人生中最艰苦的周末，但也是最棒的周末。我参加了“雷励行动”的选拔，真的是太棒了。我们带着物资，以小组为单位，一整天都在跑来跑去。每组有不同的地图，要去不同的地方选生存用品：车轮内胎、竹竿、船桨和装着一只兔子（我们的晚餐！）的塑料袋，我还给它扒了皮，用火烤熟了吃。味道还不错，就像鸡肉一样。不过你应该知道，跑了一天后，在晚上 10 点不管吃什么都香。我们要处理很多问题，比如怎么用三根竹竿和三条绳子翻过八英尺高的电网；如何用十块木板和十四个塑料盒过河；还要学会如何用内胎和竹竿做竹筏。这个活动最棒的体验就是团队合作，每个人都在真心地鼓励和帮助他人。最后，我觉得跟他们之间的关系亲密了很多。

从繁重的课业中走出来不去想它的感觉很好，这正是我需要的。虽然这也让我质疑明明可以走出学校做类似这样的事，为什么非要坐在教室里闷头苦读，但我也知道完成学业是每个人必须要做的事。说了这么多，亚亚，我现在真的精疲力竭了（虽然昨晚已经睡了十四个小时，努力地想要恢复元气），所以，晚安啦！

很多很多很多很多很多很多很多的爱你和抱抱。

塔拉

1988年10月17日，周一

亲爱的亚亚：

我刚刚收到了“雷励行动”的祝贺信，我被选中参加探险了。是不是很棒？我都等不及了。告诉你，我要筹集2200英镑！但这都是小问题！他们没有告诉我具体的行动，我只知道有两个人要去澳大利亚，两个人去津巴布韦，还有一个人去智利，我需要按照自己的喜好程度给这三个国家排序。

那么……亚亚，你怎么样了？我希望你在努力地生活。你有没有转专业？要振作起来，准备行动了，好吗？这是命令！

我该不是个唠叨的小妹妹吧？但是，亚亚，我希望你能照顾好自己，让自己快乐。你只是需要非常非常地努力而已，归根结底，只有你能让自己幸福，无法依赖任何人。

我知道这听起来很荒唐，但是我还是要说。在路上走的时候，或者坐在寝室里思考的时候，如果你笑得越多，就越会觉得开心。所以，不要再思考那些你应该做却没做到的事，也别老是深度地思考问题，起来去微笑！我知道这有些难，而且我自己也没有试过这一套，但请你一定要试一试。

好了，结束第五十万次说教。醒醒，亚当，不要再担心任何事了。好了我说完了，《邻居》马上要开始了。

很多很多抱抱。

爱你！

塔拉

12

牛津大学贝利奥尔学院22号楼306室里，亚当独自坐在书桌前。在这所世界知名学府里，他的脑海中不停地闪过一些印度的场景，尤其是那个双手和膝盖紧贴地面清理地板的贱民。他盯着窗外的院子，穿着学位袍的硕士生在修剪得整整齐齐的草地上悠闲地散着步。难道没有人觉得不公平吗？大家的同情心呢？这一切有什么意义？一种无法抵挡的空虚感无情地渗透进他的血脉里。

他盯着眼前的化学论文。桌子靠墙的角落竖着一排空的万宝路烟盒。

亚当的思绪还在高速运转着，一些毫无意义的琐事、社会的不公、眼前的化学论文交错着在他的脑子里穿梭。妈的，为什么要在意这么多。我根本不想做这些事。随后，又回到了印度，回到了火车站的那个贱民。他为什么不帮他呢？他就和院子里走来走去的硕士生一样没用。他无法控制自己的思绪。只有酒精才能帮助他摆脱这种混乱，帮助他赶走出现在他体内那可怖的黑暗，好似魔鬼正在向他伸手。他抽出一张纸，开始给自己的妹妹写信。

1988年10月17日

亲爱的塔拉：

很高兴听你说周末过得很好，其实我并不惊讶，你的

SAS 求生指南也许派上了用场。我现在很恼火，但我会努力组织好语言写这封信。要知道，我完全有理由恼火，因为我刚写完一篇二十页的论文，关于一些狗屁不通的化学内容。我简直不敢相信自己已经连续两天凌晨 4 点半才睡了，连笑都没笑一下，一直在写这篇该死的论文。好了，不说这个鬼东西了，我们来说说人吧。怎么说呢，这里的人都挺好，只是我没有心情去接触他们，而且我也不知道要怎么去接触他们（这才是实情）。要习惯与他人相处真的很难。不要误会，不是这个地方让我不开心，是我自己的问题。你知道我的感觉的，当你停止思考的时候，你会笑，但一旦这么做了，又会思考自己究竟为什么要这么做。

我和系主任谈了转专业的事，他可以算是这里的老大吧，但除非我读完一整年的化学专业，才有可能转到政治、哲学或者是经济学专业。最糟糕的是，我不知道自己对那些专业有多大的兴趣。妈的，可能我最后会惹恼了这里的人然后回去重新参加入学考试。哎，说不好。过去的那种情绪就像溜溜球一样总是起起落落。上一秒我还觉得自己可以应付一切，下一秒就变得沉默寡言，不跟任何人说话。这样真的不适合交朋友。虽然这样吧，但生活还是要继续。妈的，快半夜 1 点了，该睡了。塔儿，谢谢你给我写信。

虽然很多真相看上去很奇怪，但我们能做的也只有接受它们。就像我和乔儿那样。顺便，替我向她和爸爸问好，告诉他们我爱他们。说不定爸爸想给我写信？

还有你，塔儿，如果你想来找我的话尽管来吧，我们可以好好狂欢一番。但在这之前，我的小妹妹，好好照顾自己，不要让自己被学业压垮。

要保持微笑。

爱你的亚当

1988年11月7号，周一

亲爱的亚亚：

你这个老家伙……最近怎么样？希望你还在坚持健身！丹尼那个混蛋非要我去看周三阿森纳对利物浦的球赛。我跟他说我要戴着热刺的围巾去，他说我一定会被暴打一顿的，于是我果断打消了这个念头。

我刚用了三个小时（将近！）打扫整间房子，包括你和乔的房间，它们现在已经是一尘不染了！好吧，也许有些夸张的成分，但它们确实比以前干净多了。

爸爸的听力终于好起来了，虽然你跟他说话他还是老样子。对了，我昨天跟大乔儿打电话了，她一直在问我们什么时候去看她。你觉得11月26日和27日那个周末怎么样？那时候牛津大学的入学考试已经考完了，也是你放假的前一周。好了，标准电极电位正在呼唤我，我要走了！

很爱很爱很爱你！

大大的拥抱和亲亲！

另外，照顾好自己，我的小亚亚……当你觉得一切都不顺心时，要记得有我在，在另一个地方同样忍受着孤独。

塔拉

爸爸和往常一样在客厅里埋头苦读。虽然他坐在那儿，但无论从任何角度来说，他都是不在家的。我坐在厨房里和乔的前男友本聊天，一边聊一边哭。这天是周一，亚当上个周末的情绪很低落，他面色苍白，眼神空洞，看上去很憔悴。我们一起跑了步，他提到想要转专业，说不知道自己想要什么，也不知道自己哪里出了问题。他谈到想离开牛津，谈到沮丧。

我从来没有见过他这样——他看不到自己身上的任何闪光点，觉得自己不像大家想象的那样优秀。我努力地想让他高兴起来，我让他去运动，去跑步，让他离开牛津。他可以选择离开牛津去爱丁堡的，但他却一直告诉我他没事，不需要担心，他可以处理好一切。但我并不确定他是否真的没事，他现在就好像一具没有灵魂的肉体，只有一个模模糊糊的影子像我认识的那个亚当。

我很欣慰本在这儿，我还可以跟他诉说我的担忧。我们关系很好，妈妈去世时他也在。

“我从来没有见过他这样，他看上去很糟糕。”

“塔拉，关心你自己就好了，照顾好自己，亚当没事的。”

“我很害怕，不知道要怎么办。”

“他会没事的，塔拉，他会的。”

我肿着眼睛躺在床上。“他会没事的”，我不停地告诉自己，我要继续给他写信，打电话。有一种似曾相识的恐惧萦绕在我的心头。

牛津大学贝利奥尔学院，1988 年 11 月（没有写具体哪一天）

我最爱的小塔：

谢谢你给我写信。现在你应该已经看完球赛了，我希望是利物浦赢了。别管丹尼怎么说，他有没有像在印度用唱歌鼓励我那样鼓励你？你知道的，就是用约德尔唱腔唱着非常有艺术气息和预言性的歌谣，例如“加油啊阿森纳”和“红白相间的救护车载你归家”，我就记得这些。他真的很喜欢在最合适的场合大声地说些诗情画意的句子，比如在印度寺庙、穆斯林寺庙、锡克教寺庙以及所有宗教场所。我想这是他敏锐的文化敏感性的表现吧。替我向这个小阿森纳迷弟问好，告诉他他是个混球。

关于别的事，怎么说呢，一切都在进行中。不要担心，小塔，虽然我不知道自己是怎样在泥潭里越陷越深的，但我会处理好的。我提交了转到人类科学专业的申请，可这件事没有我们想象的这么简单。我要向一个独立的委员会申请，还要面试。说真的，我不想做这些事……我可能要疯了……

再见。

爱你的亚当

1988 年 11 月 21 日，我走进考场，这是牛津大学入学考试。为什么我会在这里？我不想去牛津大学，人又不够聪明，我自己很清楚这一点。我想到了亚当，想到了他是多么痛苦，想起了他给我写的最后一封信。

亲爱的塔拉：

你应该很快就要参加牛津大学的入学考试了，所以我就给你写封简短的信祝你成功吧。希望学业没有给你带来太大的压力，不管怎样，你是为了自己才这么做的。如果你不是真的想来这儿，也没有关系的。希望爸爸没有给你很多精神上的压力，我知道这很难，但你应该做你想做的事。爸爸不会有什么别的期待的……

恐慌感袭来，他的思绪高速运转着，目之所及的各种色彩混杂在了一起……深呼吸，再深呼吸，冷静下来……发生了什么事？发生了什么事？

我开始答题了。第一页的标题是“理解与写作”，题目是：别人能比我自己更好地评判我的喜好这件事，是好还是坏？这是一个开放性的问题，可以自由论述，但只有很小一部分人能在这道题上发光发热，就是那些有着超常智慧的人。我没有什么好的点子，也没有独一无二的观点可写，于是我的思绪又回到了亚当身上。

我开始在纸上写下一些东西，试图回答这个问题，却发现自己写的一切都是关于亚当的。他是如此美好而自己却看不见这一点，世界眼中的他与他眼中的自己是多么的不一致，为什么他无法看见自己的才华，却只看见自己的不足呢？我有没有回答试卷上的问题？也许含糊地回答了，但我不在乎，我写的都是自己内心真实所想。

我起身离开，知道自己失败了。

亚当坐在寝室里，生无可恋，空虚又迷茫，好像与世隔绝了一般。文字从他的笔下串联成句：

牛津大学贝利奥尔学院，1988 年 11 月 21 日

我想要写一个最后的声明，关于我是一个什么样的人。我这个人，意志薄弱，懒惰成性，缺乏安全感又很愚蠢。这不是一时脑热，这是事实。我认识到真实的自己已经很多年了，所有人都觉得这不是事实，但不幸的是，我就是这样的人。生活正在消失，只有在喝醉时我才能感到一丝对生活的热情，才能停止替世间万物担忧。其他的时间里，只有毫无意义的事物和等待结束的梦。而这种现象的发生是我咎由自取，是我告诉自己生活就该是这样的。

我也意识到自己不能像现在这样活着，因为有太多的人爱着我。可我配不上他们的爱，所以我不能因为毁了自己也毁了他们。我的一生就是在宣泄，就像我的“作品”一样。

你们会找各种各样的原因，但它们都是错的。我来告诉你们原因，因为我的一生都是谎言，我的一生都在哭泣，因为我不完美，而我无法接受这一点。

这天是我最好的朋友杰丝的 18 岁生日，我们俩和她的男朋友丹尼，也就是亚当最好的朋友一起在汉普特斯西斯公园里散步。杰丝也参加了牛津大学的入学考试，但跟我不一样的是，她十分想要考进这所大学。

丹尼和亚当一起去了印度旅行，见证了彼此最艰难的时期。和亚当一样，丹尼也不适应他们所在的私立学校。他们都想要探索世界，探索生命的意义，也都知道生存的价值是什么，所以亚当很爱他。

我们三个人一边走一边聊着牛津，聊着为什么杰丝想要成为牛津的一员而我却不想。我告诉了他们考试时我在纸上写的话，我们聊到了亚当，且都希望他现在能在我们身边。我们计划着下个周末去牛津看他，大家一起狂欢，好让他高兴起来。

我们分开后，我独自一人回了家。打开门，家里一片漆黑，静悄悄的。于是我慢慢地上楼躺在放在地上的床垫上（我觉得把床垫放在地上很拉风），然后闭上眼睛睡着了。

牛津大学贝利奥尔学院，1988 年 11 月 22 日深夜 1 点 30 分

亲爱的塔拉：

为这封信欢呼吧。不知道发生了什么事，我再也不能写信了，现在就想去死。不是真的想死，但至少这是我一个果断的决定……

恐惧，思绪横飞……来自四面八方的记忆片段疯狂入侵着大脑。混乱，慌张，找不到出路……在纸上继续写……

究竟怎么了，究竟发生了什么？

致我亲爱的家人：

我这么做是因为……

我只想对我的家人说，我爱他们胜过任何人。我的大脑几乎无法运作了，所以我只能凭借着身体里残留着的这点儿灵魂来做这件事。

致塔拉，我这么做是因为我的自私。如果我不这么做，我就会被困在这个不堪一击、满是黑暗的海绵里，就像过去的每一天一样。塔拉，你就当这是我想做的事吧，让我了结了自己。我现在几乎没有感觉了，这就是我所剩无几的感觉之一。

致乔，献上我所有的敬佩与爱，你是那个我想要成为的人。

致爸爸，对不起，父亲，我没有勇气面对心理的障碍。

致玛格丽特舅妈，很抱歉我让所有人都失望了。

你们眼中的我并不是我。希望能得到你们的原谅，我只是不想再困扰了，因为我无法再为任何事担心了。

我要做一件从未做过的事……

我想要和妈妈在一起……

打开窗户，爬上窗台，跳下去，头着地……一切苦难都结束了。世界一片黑暗。

13

一阵电话铃声闯入梦乡，我不耐烦地翻了个身，不知道是谁会在这个时间点打电话来。随后是那熟悉的沉重的脚步声，爸爸上楼了。他敲了敲我的门，我看了眼时间，深夜2点16分。

“嗯……那个……塔拉。”他在门口说。

“怎么了，爸爸？谁打来的电话？”

“是亚当……他出事了。”他结结巴巴的，话也说不清楚，“他在医院……我……我……去……要去牛津一趟。”

他说得乱七八糟的。

我瞬间怔住了：“什么意思？他出事了？还好吗？”

“我不知道……我要走了。”

“我可以一起去吗？”

“不，你待在家里……希望这不是该死的恶作剧。”

我能感受到他语气中的愤怒。

事情就是这样，就是这一刻，改变了我的人生。所以人们说半夜是“死寂”的吧。四年前，13岁的我在半夜跟妈妈告别。现在，我17岁，这次是亚当。

没有人知道发生了什么，爸爸不知道，警察也不知道。我的身体大声地向我喊出真相，一阵又一阵的恶心感向我袭来。虽然身体在嘶吼，但我的脑子却在反抗，反抗着这个根本无法接受的念头。

我躺在床上，身体因为害怕而抽搐着，在脑子里幻想了各种情况。

深夜 2 点 30 分：难道他出了车祸?

深夜 3 点：极度恐惧，他不会有事的。

深夜 3 点 30 分：惊慌失措，我应该跟他在一起。

凌晨 4 点：也许他没事?

凌晨 4 点 30 分：发生了什么?

凌晨 5 点：崩溃，让人窒息的孤独感。

凌晨 5 点 30 分：上帝啊，快让这个夜晚过去吧。

早上 6 点：恐惧占领了我的每一个细胞。

早上 6 点 30 分：终于到早上了，邻居来了电话。

“亚当在医院，你爸爸也在那儿。”

“我想过去，我想和亚当在一起。”

“不行，塔拉。你爸爸想让你去学校，完成考试。你的姐姐会过来找你的。”

我想要和亚当在一起，为什么他们不让我去找他?

我仿佛已经看到了他的脸，他需要我，就算他不省人事，他也能知道我在他身边，他会为了我醒过来。我知道他会的，我无法忍受他醒过来时看不见我的场景。

去学校参加牛津的第二次入学考试……真是讽刺，可笑至极，他们都疯了吗?有没有人，有没有人能行行好带我去看亚当……

我去了学校，但没有参加考试，我一直在等乔。拜托拜托，快一点儿……

那天下午，乔开车带我去了医院。我们知道的消息只有亚当从窗户上摔下去撞到了脑袋。

快点到，快点到……怎么去拉德克利夫医院？还是特护病房？护士对我们说："亚当靠呼吸机维持生命，有很多管子插着帮助他呼吸，你们可以跟他说话，也许他能听见。"

我走进房间，突然想起亚当的话：灵魂的绞刑架就在我眼前，我将永生背着它前行。他的眼睛肿胀着，怪异地睁开一条缝，眼里闪着光，是眼泪吗？管子挂在他身体的一侧，我看见他的身体抽搐了一下，然后机器发出了哔哔哔的响声，屏幕上的横线上下波动呈"之"字形。

他透不过气了，我得做点儿什么帮帮他。

"只是咳嗽而已。"护士看见我脸上惊恐的表情后解释说。

我想要单独和亚当待在一起，只有我和他，也只有我能理解他。"大家都出去吧，让我和我的哥哥单独待一会儿。"

终于，有那么一点点的时间让我们独处了。

"没事的，亚当，我懂。"我小声说。我需要让他知道没关系，他不是一个人，并且我已经原谅他了。

我把头放在他的手上，想要贴着他，只有我和我的哥哥可以相互触碰着对方的灵魂。就在这最后的一点点时间里，这偷来的独处时间里，只有我和他……

"你还好吗？"爸爸善意的问候残忍地将我们割开，夺走了我与我漂亮又神圣的哥哥最后的连接。

"走开！"我想要大喊，"滚出去！你不属于这里！"但又一次，我咽下了自己的愤怒和怨恨。

他们告诉我就算亚当能醒过来，可能也不再是原来的他了。我说我知道，但其实我并不知道，因为我不在乎，只要他能醒过来，无论付出什么样的代价都无所谓。不可以，我不能失去他。

时间一分一秒地过去，我还活着，在每一秒中苟延残喘着。朋友们一个接一个地来探访。我记得他们的表情，凝重又阴郁。后来的一天，也许是第三天或第四天，也有可能是第六天或第七天、第八天，我记不真切了，我和玛格丽特舅妈坐在特护病房外的等待区，从那晚后，我胸口的大石头已经开始变为一种强烈的不祥感，它勒在我的胸前，越来越紧。我感到无法呼吸，无法哭泣，甚至连动也动不了。就好像被塞进一个一平方米的透明箱子里，随后被抛入水中，任由冷水缓缓地灌入。

我坚持不下去了，再也撑不住了。我需要一片安眠药，摆脱这种痛苦，快让我睡着吧……

我转过身向舅妈求救，双膝跪在她的脚边，把手放在她的大腿上。“我需要帮助，我需要他们给我些什么东西，我快要窒息了。”

就在我说完这句话时，心中的悲伤决堤了，痛苦像无法阻挡的海啸般在体内肆意宣泄，它们有节奏地怒吼着，一种刻骨铭心的伤痛让我遍体鳞伤。

就像语言不足以描述爱一样，它们也无法完全表达出难以忍受的痛。

后来的日子里，我经历了很多次类似的情绪失控，但从没有像这次这样让人难以忍受。我常常在想与那一刻的我相处的玛格丽特舅妈，那个连自己的悲伤都应接不暇的她，又是怎么承受住我释放出的伤痛的呢？在我的生命中，只有极少数的人能承受这样巨大的情感宣泄，她是第一个，这也让我与她变得更亲近了。如果没有她，我相信我一定挺不过去。就在那一天，她替我分担了我的伤痛。

我想去看看亚当自杀时的宿舍，我需要理解他。然而乔告诉我她夜里已经去了贝利奥尔，把东西都搬了出来，还清空了他的书桌。我生气到颤抖，也许她需要在那个漆黑的房间里待一会儿才能做好与亚当告别的准备，就像我对妈妈那样，但我要怎么办？我的心理需求要怎么满足？她为什么不能先问问我？

我又该怎么说再见？如果我没有看见亚当房间最后的样子，那么我该怎样理解他呢？他肯定给我留了线索，我知道他会这么做的。他会给我留下些什么，留下一些我可以保存的东西。我应该是那个拼凑起他人生最后时刻的人，而乔却把这个机会抢走了。

我想发怒，想要尖叫和咆哮，但我没有，因为我从不会说出自己的愤怒或需求。

爸爸固执地认为是有人蓄意为之，一定是别人把亚当推下窗的。

他们给亚当做了脑电图，已经没有了生命的迹象，但那些管子还在让他呼吸。爸爸不相信这些医生，他觉得他们在胡说八道。

“再检查一遍。”没收到任何答复。

“再来一次！”

他走了，爸爸，他走了。

我能理解人们在这种情形下总是无法理解自己的挚爱已经死去。那个机器就是个谎言，它伪造了生命的迹象，让你相信你想要相信的。为什么要选择放弃希望呢？关掉那台呼吸机就好像向这个家庭扔了一枚炸弹一般。我想要贴在哥哥依然跳动的心脏上，爸爸也一样。

那台机器让亚当一直保持呼吸，让他的心脏继续跳动，一直跳了九天，就好像过了一个世纪。在我的记忆中，这九天里的每一秒都是难以忍受的折磨，还夹杂着被雷劈中般的意识觉醒，意识到亚当已经死了。我终于理解为什么医生会给极度悲伤的人镇静剂了，但很庆幸我不需要。我相信自己需要经历这些日子，需要感受每一种伤痛，这样才能为痊愈做准备。只有这样，我才能重新与生活取得联系，哪怕只有一丝微弱的曙光。我需要完整地知道极度的绝望是怎样的感觉，把它当作我人生之峰的起点，只有这样才能继续向上爬。

14

亚当去世后，我和爸爸继续住在这套房子里，它不再是一个家，只是一处住所而已。我不停地翻看着我们五个人的合照，却看到已经有一半的人不在了。我又想起了亚当的话：

> 我又开始极度恐惧了，不停地在想，在这个世界上，有什么是我所期待和希望的。世界各地的场景在我的脑海中浮现，它们看上去是那么的无趣，并且了无生气。更糟糕的是，这种恐惧让我对周遭的一切都产生了厌恶感。

我和爸爸虽然在同一个空间里，却独自生活着，并承受着各自的痛苦。我们再也没有肢体接触，也从不互相倾诉悲伤。

爸爸再也没有回到精神病医院，他不能，也无法承受所有的痛苦，完全的清醒几乎让他痛不欲生。

很久之后，爸爸告诉我如果不是因为我和乔，他已经割喉自杀了。妈妈和亚当相继去世的这些年，他一直承受着难以忍受的痛苦，懊恼、愤怒和自责无时无刻不缠绕着他。我只有在他谈起过去，谈起妈妈和亚当时才能看见他隐藏的愤怒，比任何带有侵略性的爆发都要强大。

亚当去世一年后，爸爸搬到了乡下，住在一个无名之地。他把亚当的保险赔偿捐给了孤儿院，又把自己的电视和录像机当作车费给了出租车司机，并与所有的朋友断绝往来，这样他才能独自沉浸在自己的痛苦之中。

我患上了惊恐发作症，虽然一开始我并不知道这是什么。它会在我毫无准备时让我吓一跳，就好像突然有一条毯子扔在了我的头上一样。每当发作时，我都会心跳得飞快，并且浑身冒冷汗……怎么回事？哥哥自杀了，爸爸去了乡下，我会不会是下一个？我会不会也不正常？我要是开始胡乱喊叫怎么办？他们肯定也会觉得我疯了。我是不是真的疯了？恐惧感陆续来袭，直到将我完全包围。我好像正在遭遇所有亚当曾遭受过的焦虑和恐惧。

我相信亚当也曾患上类似的惊恐发作症。在他去世后的几个月，我发现自己经历了他去世前那几天同样的混乱和担忧，我想我也许知道他遭受了什么。也许他有好多次想要结束生命，而惊恐则让他真的付诸行动，继而让他爬上了贝利奥尔的窗户。他在日记里已经给了我们答案：突然袭来的现实感，让我被恐慌吞没了。1988 年 11 月 22 日深夜 1 点 30 分，恐慌最终吞噬了他。

如果不是玛格丽特舅妈，或许我也无法生存下去。我去了爱丁堡，和她待在一起。就这样坐在她的懒人沙发上，跟她聊着天。两年前，非常突然，妈妈的哥哥，也就是舅妈的丈夫，去世了。但她还是让自己成为我的依靠，成为我们所有人的依靠。

玛格丽特舅妈是为数不多的在亚当去世前几个月察觉到他内心混乱的人，她给爸爸写了封信表达自己的担忧。亚当说起她，总是觉得很亲切。

我收到了玛格丽特舅妈的来信，很酷。这个老家伙很跟得上时代变化，在信里用了所有她知道的流行语，比如"真棒"和"在吗"之类的，她觉得用这样的词语来写信很新潮。虽然我想说全国有一半的人都这么写，但没关系，她越来越时髦了！

玛格丽特曾经建议亚当去看看心理医生，但他的自尊不允许他这么做。他的死对她的打击不比我小，所以这也让我们变得更亲密了。她深深地爱着亚当，我知道她每天都在与内疚抗争，有太多的"如果"紧紧追随着她。

她没能拯救亚当，但她拯救了我。

在我正常时，我们做一些正常的事——我会开着她的车帮忙采购。当悲伤来袭时，她会坐在我身边，允许我以任何形式，随时随地释放自己的情绪。她承受着自己的伤痛，也承受着我的伤痛。她会一直坐在我身边，一个小时，两个小时……让我与自己的愤怒和害怕相处，这也是玛格丽特给我的最好的礼物。痛苦是这样的真实，真实到几乎一伸手就能碰到。我在伦敦和爱丁堡之间穿梭着，不管我身处何方，它都在我身后，如影随形。

回到伦敦时，朋友和邻居的爱和善意让我窒息，是的，我感到透不过气，他们似乎在把自己的担忧转嫁到我身上，担心我会做和亚当一样的事。他们觉得没有人能承受住我所承受的悲伤，而他们的担忧则加剧了我的恐惧。

发生在亚当身上的事情会不会也发生在我身上?

此时的我还无法清楚地看见自己的选择，虽然自杀是自己的意愿，但就算在最黑暗的时刻，我也没有想死的念头。我给日本的朋友写了封信：

我不想死，但也不知道要怎么活下去……

第一个没有亚当的圣诞节让人毛骨悚然，那种无法摆脱的沉重感，好像有人用泥巴将我的灵魂一层一层地封住。这天是平安夜，离那个噩梦般的夜晚只过了五个星期。我看着爸爸蜷缩在椅子上，我明白在他面前我不能暴露自己的悲伤，我不能这样对他，因此最好的办法就是出门。于是我打电话给杰丝，约她和丹尼在酒吧见面。我想要变得正常，仅仅想要变成一个正常的少年而已。

酒吧里四面八方出现的飞吻和空气中弥漫的愉快感让我作呕，圣诞节的气氛比在家里和爸爸一起浸泡在悲伤的沉默中更让人喘不过气来。更糟糕的是，我觉得所有人都在看着我，在想我为什么出现在这里，并用同情的眼光盯着我。我想要大吼：“你们什么也不知道！不要假装你们理解，也不要靠近我！”

“杰丝、丹尼，我要出去。”

“你想做什么都可以，塔拉。”

我带他们去了汉普特斯西斯公园，我和亚当经常在这里散步。就算在室外，在宽广的地方，我还是透不上气来，就好像被塞在了箱子里。现在是深夜 1 点 30 分，我们不停地走着，走过每一条小路，穿过高高的草丛，穿过树林。我跪在地上，五官扭曲。泪水即将夺眶而出，但最后全部化为一声怒吼，一声从我身体的每一个细胞中迸发出的撕心裂肺的吼叫。

“为什么！！！”

震耳欲聋的声响回荡在寂静的午夜，我感到精疲力竭，于是瘫倒在草地上，地面的寒气顺着手指侵入我的体内，嘶吼声在空旷的公园里回响。

丹尼和杰丝安静地坐在我身边，远处有人停下来回头张望。

我是一个不清楚自己精神状况的 17 岁女孩，需要有个可以信任的人告诉我我很正常，我没有疯。一个朋友的妈妈向我推荐了卡兹曼医生，我不知道他是谁，一名精神科医生？一名心理医生？还是一名心理分析师？我害怕去见他。如果每天都高高兴兴的，我是不会想要去那里的，而且再也不想去那个地方。

虽然我讨厌见卡兹曼医生，但他的确让我放心了。因为他告诉我我没有要疯的趋势，我所有的感觉都是正常的，就连恐慌也是正常的，就是要经历这些才能摆脱痛苦。

一段时间后，我发现了一个规律：先是不断累积的沉重感和紧张感，随后便是不可避免的爆发和释放。悲痛依然存在，但每次爆发后都会有一段休眠期，就算只有几个小时，我也觉得很满足。我一遍又一遍地告诉自己，如果我能挺过这一关，就什么也不怕了。但我不知道的是渡过难关是需要代价的，很多年后我才意识到自己在行为和人际关系上存在着一种病态的担忧，那就是极度害怕失去。

“我会永远在你身边，塔拉。”这是亚当写给我的，而他却没有做到。这种致命的现实打击让我相信没有人能给出这样的承诺。

慢慢地，我开始意识到我只能指望自己。

我努力利用休眠期来学习，被“雷励行动”选中去津巴布韦是黑暗中唯一的曙光，但首先我要通过所有的考试才行。之后，我就能去爱丁堡大学了，正如亚当所期望的那样，这本应该是他要去的学校。

鉴于我在最后的这一年落下了许多课，亚当的化学老师多克·伍利主动提出要帮助我辅导功课。

我的化学不好，我的老师觉得我肯定会不及格，所以提议让我再等一年。这意味着要在伦敦的家里再待一年，这让我难以接受，于是我每周都去哥哥以前高中的化学实验室，多克会在那儿帮助我补习。我强烈地感受到自己在学术上和性格上都不如亚当。我的能力、智慧和同情心都无法与亚当相提并论，我永远也无法成为他。在他从窗户上跳下去的那天晚上，他的书桌前还放着一篇化学论文。老师在上面写了评语：“这应该是我见过的大一新生中能写出的最好的论文了。”

我坐在自己的书桌前，一脸茫然地看着面前的资料，上面密密麻麻地写满了不知所言的词语和方程式，时间一分一秒地过去。

怎样才能不这么痛苦呢？

我做了什么伤天害理的事以至于上天要这样惩罚我？

为什么，亚当？你为什么要这样对我？

妈妈，多希望你能给我一个大大的拥抱，告诉我一切都会好起来的。多希望我还是那个5岁的小女孩，这样就能躲在你的裙子后面了。

多希望这一切都没有发生。

多希望我的家能够回来。

多希望被爱。

多希望有安全感。

多希望被保护，被照顾，被关心。

但我也希望能变得坚强。

六个月过去了，但所有的痛苦和悲伤依然纠缠着我。

6月，距离亚当离开已经过去九个月了，我从入学考试的考场走出来。杰丝和丹尼开着我和杰丝共同的老迷你库柏来接我。他们笑着看着我。“看，塔拉！”丹尼表演了一个极速转弯360度，差几英寸就要撞到长椅上了。在等我时，他一直在练习这个特技动作，想要作为迎接我的仪式。我们愉快地大笑起来，我感觉看到了天堂。

“我终于挺过来了！我自由了！”

痛苦不见了，悲伤不见了，害怕不见了，恐慌也不见了。

但它们随时可能会回来。

电话铃响了起来，我跑过去接起电话，还沉浸在考试结束的喜悦之中。

“你好。”

“你好，我找亚当·拉尔。”

“什……什么？”我支支吾吾地问。

“这是亚当·拉尔的电话吗？这里是警察局，有个案子需要他提供目击证据。”

“亚当已经去世了。”我说出这些话时身体都在颤抖。

“啊……嗯……很抱歉，真对不起。”

我放下电话，痛苦又回来了。和以前一样，我又开始翻阅他所有的信和日记。有一封信是尸检官找到的，它被撕成了碎片，上面是亚当的字迹，一封未完成的信，字里行间都透露出了他要自杀的倾向。亚当最后的几天和他的死，都被一个小小的曲别针保存起来了。

有一件事我一直坚持着，那就是亚当是自己想要离开这个世界。但这个观点也许是因为，我无法接受他不是自愿的。他的话在我脑子里回响：我现在就想去死，不是真的……

我犹豫地问着自己，如果那个老妇人没有那样侮辱他，他会不会就不自杀了？如果在机场没有被脱光搜身，他现在会不会还活着？如果我更理解他，更关心他，他是不是就不会死？如果他的前女友没有伤害他，他是不是就会活下去？如果爸爸能像一个父亲那样，他会不会还在我身边？如果妈妈没有死，他是不是也不会死？他是不是因为惊恐发作才会自杀？疑问一个接着一个地袭来……

只有一个方法能让我的世界平和下来，让我能够继续活着，那就是告诉我自己他想要离开这个世界。

我看了亚当所有的日记。在从劳伦斯的书中摘录的话里，有这样一句话引起了我的注意：“TL，他把希望寄托在她身上。”他总用 TL 这个拼音首字母缩写代表我。我牢牢地拽住亚当的话，把它塞进自己的灵魂里。我告诉自己这是哥哥给我的一个杯子，里面装满了他的希望，所以要紧紧攥着它不松手。我终于找到了答案，找到了活下去的理由，我要过他无法再过的生活。我要像妈妈希望的那样过着对别人有帮助，并关心他人的生活。我要为亚当和我自己这么做，是这个信念支撑着我前进。

我不知道自己什么时候攥住了它，也不知道这个杯子究竟有多重。

二

在黑暗中前行

每个人都有一段至暗时刻，不能逃避，无法消弭，我们要独自穿行，这是蜕变的必经之路。

15

希思罗机场，1989 年 10 月 3 日

年轻旅者杂乱无章地散布在机场大厅里，他们因为即将开始的旅程而兴奋不已，操心的家人在他们身边忙里忙外，放眼望去到处都是装得满满的双肩包。我不安地环顾四周，牢牢地守着精心整理的帆布背包，就好像它是我的安全毯一样。很高兴舅妈来送我上飞机。此时的我，一个非常害羞的 18 岁女孩，即将去津巴布韦探险，并且周围的这些年轻人我一个也不认识。

从我激动地给亚当写信，告诉他“雷励行动”海选的每一个细节到现在已经过去一年了。随着出发日期的临近，我开始对自己产生怀疑。如果非洲的穷苦对我产生了像印度对亚当产生的那种影响怎么办？如果我在那边惊恐发作该怎么办？亚当已经离开十一个月了，万一我还没有准备好怎么办？一连串的疑虑在我的脑海里不停地翻滚着。

然而看到非洲大草原的那一刻，我的心里有一些说不清的东西发生了转变。那是一种油然而生的敬畏感，一种从内而外的释怀。我们开始搭帐篷，建造棚屋，挖厕所，在自己做的遮挡物下睡觉……就像以前亚当在喜马拉雅山那样：

这种感觉很神圣，舒适又珍贵。躺在帆布篷下，听着

狂风在开阔的山腰咆哮，也许只有在喜马拉雅山上才能有这样的体验。

这确实很神圣，我有一种从未有过的完整感。我们八个人爬进充气皮艇，在野外的急流里漂流了三天。赞比西谷上凹凸不平的岩石傲然挺立，它们那种天然的威严让我意识到了人类的渺小和生命的短暂。汹涌澎湃的河水愤怒地拍打着岩石，将我们囚禁在它湍急翻腾的水笼里。亚当在日记中写道：

> 大自然用难以置信的力量相互交流，岩石好像被水流杀死一般，湿漉漉油腻腻地躺在软绵绵的泥沙之中。河水在狂风暴雨中狂欢，想要掀起更大的波浪，吓走突然闯入的怯弱生灵。

自然的力量也将我从几个月以来的精神痛苦中解放了出来。就像亚当一样，我感受到了自然的魅力。之后我开始跟人们交谈，和他们交心，甚至开始笑了。

我被分配到了芝苏玛，津巴布韦西北部一个偏僻的小村庄。这里的村民住在小土屋里，稻草做的屋顶修剪得整整齐齐。这是一个干旱的不毛之地，平原上的草干燥又稀疏，偶见的仙人掌和小灌木绝望地攥着自己所剩无几的叶子。我们要帮助本地的村民一起建造学校，每天早上我都会说“Mangwanani”，然后用当地的方式与他们握手。在这里我觉得自由自在，好像这就是我生命中的一部分。

总有黑色的脑袋从摇摇晃晃的破旧公交车里钻出来冲着我们笑，一排洁白的牙齿亮得发光。

“你在这儿，就是大明星，我们爱你！”他们用蹩脚的英语冲着我喊。

我笑了，这是我第一次有归属感。

这里没有机器设备，只有双手和一些最基础的工具。就连把沙子和碎石搅拌进从当地河床采集来的淤泥里都要用手。我抓着沙子，感受着它们从我的指尖划过，好像感受着大地的生长。在纯人力劳动中，在汗水与日光下，我感到无比舒适，挖沟渠、做砖块成为一种心灵上的抚慰。在搭建学校地基的同时，也在重新搭建我生活的根基。我在日记中写下：

> 我不会忘记这种轻松自在的感觉，已经好多年没有过这种感觉了，也许是从未有过。我正在做自己一直想要做的事——在户外，用我的身体去运动，去冒险，被友善的人们包围，大家一起快乐地笑着。远离伦敦的竞争，远离家中的压力，这种感觉很美妙。唯一的遗憾就是亚当看不到这一切，他一定会很爱这里，我想要跟他分享这里的点点滴滴，告诉他生活的美好，让他知道我很快乐，让他知道我爱他。

我们开启了为期三周的长途跋涉，目的地是马夫拉多哈山脉和智比西悬崖，去追寻大象的足迹。夜里，我们在地上铺上一张防水布，然后在星群的注视下进入梦乡。我没有发现，自己正在追随亚当的脚步。他曾这样写：

> 我们围成一圈享受着篝火和彼此带来的温暖。火光让笑声听起来更愉快，星星点点的红色微光，相互依靠的快乐让这个夜晚变得美好，变得无忧无虑，变得满是喜悦。

我们吃自己带的食物补充能量，喝河里的水。一天晚上，我坐在溪边洗脏到结块的衣服，亚当也曾这么干，想起他的话我不由得露出了微笑：

> 我坐在那儿，坐在凹凸不平的石头上，细细的溪流在我身边沙沙作响。我把袜子浸泡在溪水里，洒上一些极其珍贵的旅行洗衣粉，在光滑的石块上拍打着它们。这是一种纯正的印度风格，当然，除了那些洗衣粉。我无法描述这种感觉是多么美妙。我可以就这样坐着，坐在清晨的阳光下，一坐就是几个小时。

我学会了怎么用指南针在复杂的地形中找到山顶和山谷，或许我是在学习如何寻找生活的方向。我们轮流拿着指南针负责带路，并总是全方位地寻找水源。阳光无情地刺在身上，我们要跟当地的植被作战，跟那些埋伏在暗处让我们浑身发痒、伺机注射毒液的野生灌木作战。我们笨重地拖着已经没有知觉的双腿向上走着，就像亚当写的那样：

> 又一次，我们气喘吁吁，呼哧呼哧地在蜿蜒曲折的斜坡上缓缓前进，一点一点地向顶峰进军。

我的两个水壶都干了，同伴们的也一样。下山时，我们只能靠判断出来的潜在水源来支撑意志，从而继续前行。

> 整个山谷都被太阳烤得炙热，下坡的路变得漫长又危机四伏。脚上的水泡不停地跟鞋子摩擦着，所有人一路都在跟酷热难耐的阳光对抗。

我们即将靠近山谷的底部，我们注视着它，它也注视着我们，轻蔑地，荒芜地，就像我们的喉咙一样。我抬头看着陡峭的山坡，皮肤又红又肿，嘴像脚下的泥土一样干，恐惧感渐渐爬上了心头。我们讨论了许久，最终拒绝喝自己的尿液。大家决定凿坑寻水，一层又一层，终于，深棕色的液体渗了出来，湿润了这块布满裂痕的土地。我们用布过滤满是淤泥的地下水，滴了几滴碘在里面。深吸一口气，闭上眼睛将它一饮而尽。在这浑浊的棕色液体中，我品尝到了人生。一切都被抽干了，所有的痛苦，所有的绝望，所有的悲伤。我需要的一切都在这捧水里，都在我们的足迹里。

> 我们不停地在夹着雪的泥坡上滑倒，行走时正常的沉

默伴随着我们。这是一种高度独立的沉默，让你的思绪变得畅通无阻。时间没有流逝，而是消失了。有一种让人心满意足的平静占据了整个大脑。没有担忧，没有不安，没有约好的会面。城市看起来是那么遥远，就像被锁在了一个遥远的梦里，带走了一切忧愁。身心得到完全的平静和安宁。伦敦的焦虑感离我太远太远，平静和安宁战胜了它，它们抚慰着我，让我越来越快乐。

跟亚当一样，我在群山之中也找到了平静与安宁。找到了它们那有序的节奏，它们抚慰着我，爬上时间的肩头，在灌木丛中游走……我沉默地看着眼前壮观的景象，心满意足，与世隔绝。不说一句话，就这样走着，心痒着，沉溺在无尽的平静与安宁里。我开始重视这种沉默，珍惜它，就像哥哥那样。

当然会有沉默：一种幸福又美好的平静与安宁。就坐在那儿，想着自由，想着“沉默的艺术”。

在津巴布韦，我从朴素的生活中找到了平静。我所需的一切都在我的身上和脚下的土地里，这种踏实感将我从束缚中解放出来，让我重新获得了站在坚实地面上的感觉。最终，一束光照亮了我的前面，给我指了另一条路。我可以看到自己眼前的生活充满热情和希望，为了亚当和自己，我将与他一同走上属于我们的道路。

我总是觉得，我的人生并不是从出生到死亡，而是从死亡到重生。好似我的人生旅程是从黑暗的地下开始，一个周遭没有氧气，让人窒息的地底下。我盲目地用力挖着流沙，拼尽全力用四肢向上不停地挖，直到看到我的人生。我跌进过湍急的河流，也在森林和荒野中迷过路，翻越了山脊，也登上过顶峰，只为了跨过悬崖与裂谷。偶尔也能遇上平坦的路，但有时候也会在陡峭的山路上迷失方向。偶尔，上天会赐予我渡河的桥梁，但很多时候却是厚重的云层遮蔽了前行的道路。津巴布韦照亮了我的人生，让我从泥潭中走了出来。

16

伦敦生活从经典的“爸爸篇”开始。乔开着我年久失修的迷你库珀送爸爸去希思罗机场接我。她火急火燎地要去美国见男朋友，在机场告诫了我那台老爷车需要有人推才能启动后就匆匆离开了。

我把装满非洲纪念品的背包放进车里，小心翼翼地将我最爱的大象皂石放在座位上，那只木质长颈鹿从背包里伸出脑袋，坐在后座看着我笑。我们遵守妈妈定下的规矩，不让爸爸开车，所以我告诉他该如何推车以帮助我启动。

我坐在驾驶座上，确信他已经在车尾做好了准备。

“好了，推吧爸爸。”我说。

我等待着。

“推吧，爸爸。”我又重复了一遍。

伴随着一阵嘟哝声，我感觉到车子在左右摇晃。我转过头，被眼前的景象惊得下巴都要掉了。爸爸站在左边的车门前，用尽全力摇晃着车子。

“爸爸，爸爸……轮子在那儿，是前后推动，不是左右摇晃！”我深吸了一口气。“你要从后面推！”我生气地说。

“啊……知道了，知道了。”他喃喃地嘟哝着。

哎，又来了。我努力地维持着从津巴布韦得到的平静与安宁，就像亚当刚回来时那样。

好吧，又回到伦敦了，自由的感觉消失了，取而代之的是要斗智斗勇的社会规则。

我在一家餐厅找了份餐厅服务员的工作，鉴于我笨手笨脚总是打碎盘子的“嗜好”，相信我的职业生涯一定会“一帆风顺”。在上演了几次灾难片后，比如把红酒洒在订制的白上衣上，或者是把热咖啡倒在笔记本电脑上，餐厅老板礼貌地建议我去熟食柜台工作。于是我只能在熟食区煎熬着，逼迫自己站在那儿。

我下定决心保持在津巴布韦建立起来的自信，让自己和别人交流，并且在讲话时直视他们的眼睛。我的起步很慢，还在人际交往的最底层。这种感觉就好像撕掉自己身上的保护膜，但这让我很高兴，因为我喜欢与人打交道。我只是不知道怎样让他们看见真实的我，也许连我自己都不知道真实的我是什么样的。

我存了些钱，一个人去了印度尼西亚和日本旅游。我想要证明自己已经能自力更生了，并且也做到了，但同时也在渴求他人的陪伴。我总是羡慕地看着那些成群结队出游的年轻人，他们看上去是那么快乐。我想要像他们那样，想要成为他们中的一员。很高兴我能在1990 年 6 月回家，赶上了乔的婚礼。婚礼是在爸爸妈妈结婚的教堂举行的，在那儿，13 岁的我看着妈妈的棺材安静地躺着，在那儿，悲伤笼罩了亚当的葬礼。但最后，我们在这个教堂里笑了，幸福地流下了热泪。婚礼后，乔搬去了美国，只剩我和爸爸两个人了。

我前往爱丁堡开始了大学生活，正如亚当所希望的那样。回想起他去牛津时给我写信讲述他的大学生活，很高兴我在做他想做的事。

在爱丁堡，我过着典型大学生该有的生活。把烤豆子夹在吐司里，靠着颤抖过冬，每天早晨躺在床上根据哈出的热气来判断气温。从我的卧室窗户可以看到亚瑟王座山，看见冰雪在山顶融化。我学会了风帆冲浪，也学会了打篮球，还学会了喝很多很多啤酒，还会抽一点儿烟。总而言之，就是做一切与学习无关的事。而且我还很自豪自己在大一期末的定量数学考试时拿了个低分，因为这场考试是多选题，只有答错才会扣分。我被自己的成就逗笑了，继续跟刚结识的朋友们一起吃喝玩乐。有时我会去拜访玛格丽特舅妈，跟她坐着喝茶，每次她都会看着我的黑眼圈问我是不是熬夜了。到了假期，我就在餐厅打工，去任何我能去的地方旅游，把助学贷款拿出来当旅行基金。

关于妈妈去世后的记忆从我的脑子里删除了，我的 20 岁过得很快乐，一种难以名状的快乐。总结起来就是我从悲伤中走了出来，进入了一种盲目但快乐的时期。

过完 21 岁生日后，我在爱丁堡英联邦游泳馆认识了一个叫强尼的男孩。游泳馆就在我的公寓附近，下午的课结束后我总会和朋友安妮在那儿见面。有一天，我厌倦了在黑线周围上上下下游个不停，就从泳池里爬了上来，跟安妮告了别。第二天，在生物化学课上安妮小声地跟我说：“我的朋友强尼想要见你！他看见你从泳池里出来，被迷得魂不守舍！”

我感到受宠若惊。强尼比我年长一些，开着一辆不错的黑色轿车。他看起来像个男人，而不是男孩，又高又壮，有着蓝色的眼睛，发际线稍稍向后。不久后我们就开始约会了。我喜欢把头埋在他毛茸茸的胸前，他总爱开玩笑说他的头发都掉在了胸前。我们在一起很开心，我过着大学生该有的生活。

我确实喜欢他，也喜欢处在恋爱之中。被爱的感觉很好，而且我知道他是真的爱我。有时候他会说我有距离感，会因为我没有表现出对他的爱而感到沮丧。我告诉他我爱他，我认为我爱他，但在我的内心深处，好像有什么东西在反抗。

在他身上，我找不到那种像对亚当一样炙热又纯粹的感觉。为了亚当我可以做任何事，但对强尼却没有这样的感觉。这是不是意味着我不爱他？有时候我更愿意看电视，而不是和他待在一起。他让我觉得沮丧，于是我开始质疑我对他的感觉是不是爱。

我们在一起三年，但从未谈起我的过去，也从未谈起亚当和妈妈，谈起任何让人痛苦的事情。我小心翼翼地把它们都包裹起来，放在内心最深处，这样我就察觉不到它们的存在。但我不知道的是，那些你试图藏在身后的东西会将你绊倒，就好像它们总是在拉着你，直到你终于回头看看是什么在那儿，然后重新拾起自己的过去。

在爱丁堡的第三年，我开始思考生理学专业毕业后我该做什么。于是我兴致勃勃地在电脑程序上测试自己的匹配职业。我答完了所有的题目，包括喜欢什么不喜欢什么，还给各种东西按喜好排了序，最后电脑吐出了一张适合职业清单：

1. 消防员。

2. 理疗师。

我大笑了起来，消防员？我从来没有想过要当消防员。理疗师？看起来好像很合适。我本来就对人类的身体着迷，这个工作与运动有关，又能改善别人的生活，看起来是一份不错的工作。

最终我完成了学业，虽然连我自己都不知道是怎样做到的。我开始学习理疗课程，但内心依然渴望旅行。我想看看这个世界，想要自由。我不想被强尼束缚着，于是用一种无情无义的方式跟他分了手，和我的一个朋友暧昧了一段时间，之后又把所有的精力都投入到服务员的工作中，为旅行存钱。其实最后我还算是个像样的服务员，“熟能生巧”这句话果然没错。

终于，在1995年的2月，我拿着一张环球机票离开了英国。先是去了泰国，然后是菲律宾，在3月28日到了悉尼。我永远记得这一天，因为就是在这一天，我有了家的感觉。

17

21 岁的我第一次来到悉尼，还是在一个宜人的秋天。从悉尼上空，我第一次看见海港上的歌剧院，它用光亮炫耀着自己的美，诱惑着我前往。密密麻麻的游艇，好像小小的白色的三角形，星星一般点缀着波光粼粼的海面，我深深地吸了一口气，这种感觉很梦幻。我终于来了，来到这个让我魂牵梦萦了多年的地方。

妈妈结婚前因为工作的缘故，来澳大利亚做过一些研究资料的工作。她给我的一只泰迪熊取名为“悉尼”。她去世后，我保存着她视为吉祥物的玩具考拉，去哪儿都带着它，觉得它能给我带来好运。考试时它就在我的桌子上，每一次运动会它都在现场，每次哭的时候它也都在我身旁。我从来没有意识到它是只玩具考拉或者它来自澳大利亚。我带着它只是因为它是妈妈的，我想保留着她的东西放在身边。

很多年后，当舅妈告诉我妈妈爱悉尼，她梦想着有一天能住在悉尼时，一切才豁然开朗。我看着我的考拉，想起那个叫悉尼的泰迪熊，会心地笑了。这就是我的宿命，每件事的发生都是有原因的，不管前面是否明朗，最后终究会显露出来。

我就在歌剧院正下方的餐厅里找了份服务员的工作。每天走在环形码头上，看着数不尽的渡船和喷气快艇川流不息，这种感觉就像做梦一样。每次我朝着歌剧院的巨帆前进时，总会看一眼海港大桥。它躺在纯净的蓝色海面上，仿佛在跟我说话，说欢迎我留下来。

不知道有多少次，在给等待看歌剧的顾客上菜时，我都偷偷地看一眼海水和那座桥，然后难以置信地笑着。我竟然在多年来天天抚摸的明信片的景色里，住在它的体内，呼吸着它的空气。

为了赚更多的钱，我还在环形码头一家名为“地下室俱乐部”的店里做侍酒。就在那儿我遇见了安东尼。

我记得第一次见他的情形，漂亮的橄榄色皮肤，头发浓密又乌黑，蓝宝石般的眼睛，穿着印有“地下室”标志的T恤站在吧台后面。

“嗨，我是安东尼，你需要什么尽管吩咐。”他热情地对我说，眼里闪着光。

我的心跳一下子就加快了，不知道为什么，他让我觉得很放松。似乎没有人能打扰到他，而且他总是有时间陪伴我。如果我忘了某个订单，他就会挥挥手说：“是金汤力对吧？”就这样嬉皮笑脸地看着我，瞬间将我的焦虑转化为充满爱意的笑容。

他不像我，他似乎不会为任何事焦虑。有一次我问他哪种卡布奇诺是脱脂的，他咧着嘴把手指在空中一挥，随意地指了一个自己喜欢的说：“这种！”我只能摇摇头笑着，祈祷客人不会对全脂牛奶过敏。

下班后，我们常常一起坐下来喝一杯。这是一天中我最期盼的时刻，因为可以更好地了解安东尼。他很健谈，也很友善。每个人都很喜欢他，也很难不被他的大男孩性格所吸引。他喜欢悠闲自在的生活，也喜欢帮助别人，例如帮别人修车，下班送大家回家，包括我在内。他跟我一样住在邦代海滩。

我竭尽全力地隐藏自己的爱慕之情，告诉自己他对我没有兴趣。很多次，我们谈到友情和爱情，认为友情比爱情更珍贵，我把这当作他对我无感的暗示，我真是全世界最差劲的爱慕者了！虽然我不知道怎样才能让喜欢的人知道自己的心思，但肯定不是我这样做。当安东尼提议要送我回家时我总是高高兴兴地拒绝然后蹦蹦跳跳地钻进公交车，当他看着我的眼睛时我也总会移开视线，一旦谈到爱情，我就马上表达出“如果有一个男性朋友该有多好”的想法。

我们约好一起去室内攀岩。当天他开着他的绿色丰田花冠来市政厅站接我，他的妹妹萨曼莎坐在副驾驶。我不确定我想象中的萨曼莎是什么样子，但肯定没有这么漂亮，于是我的紧张感又上升了一个梯度。萨曼莎的皮肤是健康的古铜色，她穿了一件很短的小背心，热裤让她的身材看起来更好了。她太漂亮了，又美丽又时尚，导致我突然觉得穿着宽松T恤的自己很壮硕。天哪，我心想：安东尼有这样的妹妹，还会看上我吗？

我坐在后排，目不转睛地盯着安东尼的脖子，想要伸出手去抚摸。但我没有这么做，之后也什么都没有发生。做朋友也挺好的，我这样想着。

生活疯狂又无忧无虑，每天在歌剧院和“地下室”工作，到了晚上生活才真正开始。在这个“牛奶箱”城，我和其他背包客合租了邦代海滩的一间公寓。你知道牛奶箱有多了不起吗？可以用来做抽屉、咖啡桌、凳子和书架。我一周只要交50澳元的房租，包括水费和电费。我从来没有存下过这么多钱，没有压力的日子让我犹如新生般自由，所有的苦恼和痛苦都被整整齐齐地打包留在了英国。

我本打算工作三个月就回英国，但签证有一年的时间，而且生活又这么美好，所以我不想回家。我觉得就算我决定待在悉尼，也不会对任何人造成影响。而且，什么也阻止不了我想要待在让自己无忧无虑，没有痛苦的地方的决心。

于是我打电话给乔。

“嗨，乔，我觉得我还要在这儿待一段时间，机票里还有钱，签证也没有到期。”

“什么？那房子怎么办，塔拉？我们要把它整理出来然后卖了。我不想一个人完成这一切，你知道的。”她的声音里带着怒气，因为如果我不回去，她就要一个人清理出三十年来积存的所有东西。

我们有一间装满回忆的阁楼，里面全是妈妈和亚当的衣服、信件，还有一些我们自己都不知道该怎么处理的东西。我应该在场的，乔需要我。

她正处于艰难的时期，婚姻破裂让她很沮丧。我到现在都不知道她的婚姻到底发生了什么，是她不想告诉我，还是我没有问呢？我不知道。我从来没有想过婚姻破裂该有多痛苦，而乔也从不暴露自己的脆弱，所以我们至今未曾讨论过这件事。如今，我们的世界一分为二，在情感上，也在地域上。我挂了电话，无视了姐姐的请求。

随后我给强尼打电话想告诉他这件事，但他挂断了电话。虽然我们分手了，但我意识到他还抱着希望，他还在等着我回家。我从未想过我给他造成的伤害。

我把回程票兑换成现金，继续过着无牵无挂的生活。

下班后，我们坐在“地下室”的吧台喝员工特饮。今天应该是妈妈 63 岁的生日，也是她和爸爸结婚二十九周年纪念日，尽管她已经不在了。

吧台有个叫皮普的女孩朝我走来。

“你想不想跟安东尼在一起？因为，如果你想的话，随时都可以。”她若无其事地说。

我不知道该说什么，难道是安东尼跟她说了什么？

那天晚上安东尼送我回家，我们像两个刚放学的孩子一样坐在邦代沙滩上，玩着沙子，盯着海水看。

“我觉得我现在就像个孩子一样。”他说。

我紧张地笑着：“是啊……还玩儿着沙子。”

他笑了笑。我们俩都明白他指的不是这个，他是想说自己就像第一次约会的少年一样。

我更专注地摆弄着沙子，最终抬起头时，他吻了我。

“真不敢相信我这么做了。”他天真无邪的样子让我心醉。

从这一刻起，我们便难舍难分了。几个月来的猜疑和误解历历在目，我们像少年一样笑着，嘲笑之前会错意的对话。我觉得这就是我想象中恋爱该有的样子，我已经不能自拔了，他也一样。

上班时，他就站着看着我，我被他眼中强烈的爱意弄得很窘迫，只能回以微笑。互诉衷肠后的那天早上，我从他的公寓中醒来，听见他在窗外的马路上叫喊。于是我探出头去，看见他拿着一朵玫瑰花，然后我花痴般地笑了起来。

“我要上来了！”他冲着我喊。

安东尼的公寓在邦代路一栋旧红砖楼的二楼，就在通往海滩的大道上，路上车水马龙川流不息。他把玫瑰花叼在嘴里，几乎是徒手在房子的边缘向上攀爬，我笑着摇了摇头。一个路过的男子冲他喊：

“嘿伙计……要梯子吗？”

他到达窗前倒在我的怀里时，楼下已经聚集了一批忠实的观众。他们嘴角上扬，羡慕着年轻人的爱情。的确，这种爱，这种年轻人的爱情，青春又浪漫，强烈又纯粹。

跟安东尼在一起让我觉得很有安全感。当我心情低落时，他总是安慰我，让我感到安心，虽然有时候他不知道我为什么会心情低落。

“没事的，小家伙，一切都会好起来的。”他总是抱着我温柔地说，我也总是会相信他。这是他的魅力所在，让我觉得温暖又安全。

他的父母搬到悉尼西部蓝山附近时，他第一时间带我去见了他们。我不知道他跟他妈妈描述我为印度公主，她打开门时想着应该是一个身材娇小、五官精致的印度女孩，但看见的却是一个高大威猛、肌肉发达好似亚马逊女战士般满头卷发的我。当安东尼的爸爸妈妈从震惊中恢复过来后，他们热情地欢迎了我。“你可不准伤害这个姑娘。”安东尼的爸爸这样警告他。

我从未预料到我会与安东尼的家庭产生联系，也没有预料到他们会对我的人生产生影响。我只知道自己找到了挚爱，但其实并不仅仅如此。

离签证到期的日子越来越近了，对未来的焦虑爬上了我的心头。我们的未来似乎有太多阻碍，我们在一起连六个月都不到，在这么短的时间里，我们真的能许下承诺为了对方搬到地球的另一端吗？我想得到一个答案，也渴望得到一个答案。

安东尼从不会提前打算，他觉得时间到了问题总能解决。如果他在这个时候提议，或者是以这个理由来向我求婚，我会答应的，但他没有。一天晚上，在我不停地逼迫他想要得到一个答案后，我们发生了争吵。我从酒吧夺门而出，他一路跟着我回家，耐心地走在我后面一个多小时，不让我离开他的视线。

最终我们达成协议，他会来英国度假，然后我们再看接下来会发生什么。签证到期的最后一天我才离开悉尼，哭了一次又一次。回英国前，我在新西兰待了六个月，一有机会我就给安东尼打电话，接触不到电话的时候我就给他写信。我不停地参与我能想得到的各种冒险运动：跳伞、漂流、蹦极、冰川攀岩，还通过直升机和徒步登山欣赏这个国家的景色。我又回到了群山之中，在这里，就像亚当一样，感到由衷的安宁与自在。他曾写道：

> 放眼望去，到处都是白雪覆盖的山峰，那好似被雕刻家的凿子蚀刻而成的岩石，是那么的浑然天成，又那么的锋利。云朵在山尖嬉戏打闹，松软又洁白，像极了孩子的脸。但这一天最令人记忆深刻的景象，是我们在往山顶前行的路上，胆怯地往山尖裂缝中探头的那一刻：溪水波涛汹涌，好似在低语，两只老鹰在从山底直流而上的气流中盘旋。这种总被人们描述却难以亲眼所见的场景无须我多言，这些鸟儿有着与生俱来的威严，它们毫不费力且优雅地在高山间翱翔，简直太美妙了。

我站在路特本步道的山顶，看着眼前雄伟壮观的景象，感受到了一种无与伦比的自由。到了晚上，我就睡在步道线上小木屋的睡袋里，被群山的安宁与平静包围。我不知不觉地进入梦乡，却在午夜醒来。我很快意识到自己的灵魂深处发出的低语，与周围同行旅人的酣睡声是那样不协调。好像捕猎者正在等待出击。恐惧爬上了我的心头，爬上了嗓子眼，把我的呼吸都夺走了，最终，我被恐慌吞噬。我想要理性的思考，为什么是现在？这种感觉怎么又回来了？越想要找到答案，恐慌便蔓延得越迅速。我感觉自己被关在笼子里，松松垮垮地挂在世界之上，用渴望的眼神看着这个世界。就好像亚当日记里的老鹰向我袭来，张开爪子猛地扑向我，想要将我与现实拉开，将我扔进无尽的裂缝里。

恐慌将我从此时此刻剥离出来，好像隔断了我与世界、与自然连接着的绳索，让我面对自己内心最深层的恐惧——我将失去理智，就像看着我的哥哥打输了这场仗，而我的爸爸一直在为精神正常做斗争一样。

亚当已经离开八年了，但这一次的惊恐发作是我不正常的信号。亚当在山顶写下的话在我的脑子里回响：

> 它总会从我的心里跳出来，我把它藏起来，再也不看到它。但现在它又回来了，还是那么真实，那么强烈。

我在回伦敦的路上，回到过去十五个月来我一直努力藏在心底的痛苦现实中去。我不想面对眼前的一切，也不想面对身后的一切。我回到了希思罗机场，环顾四周，每个人看上去都憔悴苍白，面如死灰，就像这里的天气一样。我又回到了记忆的黑暗之中。

18

我躺在这张熟悉的床上，想着安东尼，想着想着就哭了起来，我太想他了。我们家的房子正在出售中，我看中了伦敦的一套公寓，也给自己报名参加了理疗课程。我应该高兴的，但心里却怎么也高兴不起来。卖掉房子之前，爸爸过来整理他的书。我听见他那熟悉的、沉重的脚步声，慢慢地走上楼梯，在我卧室的门口停了下来。

“呃……塔拉……你还好吗？”每一个字中都带着焦虑和担心。

“我只是有些不开心，爸爸，没关系的。”我回答道，并努力屏住呼吸不让他听出来我在哭，我从来都不想让他为我担心。

他没有打开房门，也没有进来。我们就在这扇关着的门的两头完成了所有对话。

“我……我……我只是不知道该怎么做，爸爸。”我哽咽着，“我爱安东尼。”我迈出了第一步，之前我很少向爸爸表露我的情感。

在他温柔的声音穿过房门前，他沉默了一会儿。

“跟着你的心走，塔拉。”他的话在房间里回响。我们之间总是隔着一道门，很少像现在这样清楚明确地对话，也很少有这样的联系。这是我的父亲给我的最宝贵的财富，也是他给我的最好的礼物。

等待安东尼的日子里，我在卡姆登镇的一家餐厅做服务员，我真的太想见到他了。因为想我，他缩短了在东南亚的行程。我带着满满的爱去盖特维克机场接他，看见他穿了一件褪了色的红色梭织衬衫，一件破旧的牛仔裤，斜挎着双肩包从滑动门里走出来。就像第一次见到他一样，我的心跳又加快了。我们相拥在一起，入境大厅熙熙攘攘的人群和喧哗声都离我们远去，变得模糊不清，我们沉浸在自己的世界里。天哪，我真的好爱这个男人。

还没到二十四小时，安东尼便提议让我回到澳大利亚和他一起生活。这是我梦寐以求的时刻，我连想都没想就点头同意了。加之有了父亲的祝福，我便更期待离开伦敦，和安东尼一起生活在澳大利亚了。

刚回伦敦时，乔已经把阁楼里的东西整理得差不多了。回想起来，她在独自做这些事时该有多无助。而我高高兴兴地躲在异国他乡，逃避了自己应该承担的那部分责任。每一个决定都至关重要，什么该扔什么不该扔，每一样东西都是一段回忆，都有情感的牵绊。

乔和我花了好几个小时在阁楼翻看这些家庭记忆，找到的信有没有一封封拆开来看？要不要留下妈妈的婚纱？哥哥的课本呢？要不要扔掉这几箱来不及看的纸稿和卡片？我不知道该怎么做，如果我扔了哥哥的课本，但里面有重要的东西怎么办？万一他在里面写了一首诗呢？

有那么一种感觉，觉得自己应该扔掉散发着死亡气味的东西。我想要摆脱这一切，觉得这样就能摆脱痛苦，然后开始重新生活。

一段时间过后，乔和我就变得残暴无情起来。我们的口头禅变成了“这个丢掉，那个也不要了，统统都扔了”，然后痛苦又缓慢地收拾完整间房子。最终，“出售中”的牌子变成了“已售”。

快到搬走的那几天，压力和愤怒让乔和我痛苦不堪，简直就是在比谁号叫得更惨。爱哭这个嗜好让我很苦恼，一点办法也没有，只能让情况变得更糟。伤心的时候哭，生气的时候也哭，尤其是我想发火的时候，还没发脾气，眼泪却先流了出来。

我们因为搬家的车停在哪里这个问题产生了争执，我变得越来越沮丧，然后眼泪就流了出来。

乔总是直戳要害："就是这样，每次都哭就对了。"她从楼梯顶上向我咆哮。

我感到心里一阵刺痛，顿时怒火中烧。

"我恨你！你这个蠢货！你这个可悲的丑八怪！"我用尽全身力气咆哮着，身上的每一块肌肉都在用力。我都不知道自己想表达什么，也不知道为什么要说这句话，只是单纯地恨她，想要用尽一切方法伤害她。她每一次给我和亚当造成的伤害我都铭记在心。但随后我又觉得这些词很好笑，丑八怪？这就是我能说出的最伤人的词？我姐姐明明很漂亮。随后作为报复，她狠狠地朝我扔了一块芝士。

这是我第一次向别人怒吼，它强烈到让我有些害怕。安东尼和姐姐的男朋友尼克，站在两个不同的角落紧张不安地看着彼此。最后，安东尼温柔地建议我应该跟乔谈谈。

"我才不要跟那个蠢货说话。"我恶狠狠地回答。

"塔儿……"他吃惊地扬起眉毛，被这种不像我的语气吓了一跳。

最终，所有的怒火都化为了悲痛。搬走的那天，乔和我站在空荡荡的客厅里。这是我们的家，我们的童年，最后，我们拥抱了对方。对这间房子说再见似乎是一种解脱，因为它承载了太多的痛苦。没有它把爸爸、姐姐和我绑在一起，我们就可以过属于自己的生活了。

安东尼比我早五个月回了澳大利亚，他的爸爸很热心地帮我在悉尼大学里找了理疗课程，我可以作为留学生去学习，但是我的签证要到次年的1月份才有效。虽然我的课程2月份才开始，但我无法忍受与安东尼分离这么久，于是我去了斯特兰德街的澳大利亚驻英国高级专员公署，准备了一箩筐的理由为自己要提早去澳大利亚辩护。

移民处的那个男人面无表情地看着我说："不行。"我告诉他我没有家也没有一个叫家的房子了，我把自己所有的东西都扔掉了，除了六箱装满我死去的哥哥的信和日记。说着说着，我又哭了起来。

"求你了！"他的语气变得柔和了一些，"先出去收拾一下自己的情绪，一个小时后再回来。"

我冲出大厦，直奔最近的电话亭。翻来翻去，钱包里只有2英镑的硬币。现在的悉尼是深夜1点30分，我打了"地下室"的电话，是经理接的。

"您可以帮我叫安东尼吗？有急事。"

他让我等一等，我看着话费余额越来越少，心里不停地念叨"拜托拜托，快点呀"。忽然，电话那头传来安东尼的声音。

"小家伙，怎么了？"

"他们不让我去，他们不给我签证！"我抽泣起来。

"没事的，小家伙。我保证，我会过去，我过去找你。"

电话挂断了。听到安东尼的声音让我有了安全感，他就像妈妈一样，总能让我安心。回到澳大利亚驻英国高级专员公署时，我已经冷静了许多。

“好吧，你可以有一个三个月的临时签证，在学生签证开始前可以先用这个，但在这期间你不能做有偿的工作。”

“我保证！我保证我不会工作的。谢谢你，谢谢谢谢谢谢！”

我高兴得都想要抱住他了，终于可以离开这里了。我将要起航奔向新生活，远离这里的阴霾与黑暗。

我走的前一天，在高峰期最后搭乘了一次伦敦地铁，几乎是头贴着胳膊挤到不能动弹，我相信我是不会想念伦敦的地铁的。

我沿着卡姆登路一直走，这条路我已经走了成千上万次，这将是最后一次。有什么东西从我头顶飞过，我抬头看了看，有人从双层巴士上扔下了一个空的可乐瓶。

你做得对，塔拉，快离开这个鬼地方。

路过报刊亭时，我向右看了一眼，有个年轻男人在看着我。我没有多想，继续往前走。十分钟后，他气喘吁吁地追了上来。“我只是想告诉你我觉得你很漂亮。”他喘着气，递给我一朵玫瑰花。

我笑了起来：“谢谢你。”

“你住在这儿吗？”

“是的……哦不……算是吧。我要去澳大利亚生活了，明天就走。”

“哦，好吧，祝你好运。还有，你真的很漂亮！”

他转身朝着来的方向离去了。生活真矛盾，我心想，也许伦敦也没有那么糟。

爸爸和乔送我去了机场，当我说再见时眼泪不争气地流了下来，我们拥抱了彼此。这时候保罗·摩根从我们身边走过，乔和我都忍不住笑了起来。在飞机上，我止不住地哭泣，直到过了俄罗斯，眼泪才停止，转而变成一种对新生活的向往。我知道，这将是一个新的开始。

19

我到悉尼机场时，不仅仅看见了安东尼，还有海尔格、伯特和萨曼莎，他们一家人都来了。他们热情地迎接我，用爱包围了我，我顿时觉得自己有了一个新家。在回安东尼公寓的路上，我们经过了橄榄球场，三步炸物咖啡厅（这家店有镇上最好的油煎早餐），哈里披萨，还有午夜的酒会，一切都是这么熟悉。我看了一眼大海，感到振奋又温暖，我知道我回家了。

我开始攻读理疗学位，白天认真学习，晚上做服务员赚钱。这是我将来要从事的行业，因此对每一门课程我都激情满怀，我知道自己正在实现妈妈的临终愿望：对社会有贡献，帮助并关爱他人。学习、工作和安东尼就是我的全部，我也没有什么要好的朋友，我觉得不需要，有安东尼就够了。

安东尼和我开始为申请澳大利亚永居权准备材料。我的申请理由是我跟他的实际关系：我们有了朋友和家人对我们关系的法定证明，他们证明我们的关系是真实的、稳定的；我和安东尼的联名账户证明了我把出售伦敦那套房子的收益存在了账户里；有一堆我们在分开那几个月里写的信，以及我们在邦代公寓的合租合同。日常琐事一点点地堆积，我们无法像以前那样无忧无虑地生活了。

我很少想起或者谈起我的过去，在这里没有什么人或事能让我回忆起它，也没有人知道我的家庭。生活就这样继续着，我越来越沉迷于学业，而安东尼也打算转行做音响工程师。他热爱音乐，依然喜欢在夜间生活。每次他回来时，我已经睡着了，我们就这样渐渐地越见越少。

一切看上去都很正常，除了我的惊恐发作症又回来了。

莉比，我在伦敦做服务员时的同事，她也来了悉尼。她是一个面相和善又有魅力的女孩，曾经跟餐厅那个很有钱的老板约过会。在她身边我总是很有压力，觉得自己不够优秀。当她想要租我们的一个房间时我很高兴，暗自窃喜能多一些收入。但当她给我们房租时我却无心收下，因为她还没有工作，于是我告诉她找到工作后再给我们也不急。最后，安东尼和我在“地下室”替她找了份工作。我们相处得越来越好，关于房租的话题也就没再谈起。周末的时候，安东尼还会在“地下室”上班，我常常听到他们俩半夜下班回家后，一边听音乐一边笑，虽然努力试图保持安静，但还是没办法控制音量。在我要入睡时还能听见他们的窃窃私语，我觉得自己与他们不是一起的了。我完全信任安东尼，但总有什么东西让我觉得不舒服，我能感觉到他正在与我渐行渐远。

不久之后我和安东尼不再相拥而眠了，我开始习惯面对着他那橄榄色的背入睡。我的不安感逐渐发展为恶心，终于有一天，我看着他的眼睛，说出让我自己都感到惊讶的话。

“你是不是爱上了莉比？”我试探性地问他。

他似笑非笑地说：“一个英国姑娘已经够我受的了。”

后来，在我大二期末考试的前两周，我们坐在卧室里，他突然对我说：“我觉得我已经不爱你了。”

那一刻，世界在我的眼前崩塌了。

安东尼的手不再温暖，我们之间只剩下泪水和距离感。我不停地哭，他不知道如何处理这样的场面，因为这一切都是他引起的。他让他的妈妈照顾我，于是我去蓝山投入了海尔格的怀抱。

“无论发生了什么，你都是这个家里的一员。”她把我搂在怀里，给了我妈妈般的拥抱，她小声地嘟哝着：“我要掐死那个小子。”

我想要好好学习，但总是直勾勾地盯着眼前的复习材料，直到眼泪流到脸上，最后滴在我的笔记本上。我的脑海里闪过亚当去世后我坐在书桌前的画面，盯着我的入学考试复习题，泪流成河。

有一天海尔格用一种与平常不同的语气问我，她的声音中透着怨恨：“告诉我，跟你们那个朋友有没有关系？”

“没有，没有。”我说，但我自己也不知道。

我还是坐在复习题前流着眼泪，脑海中浮现他们手牵手散步的场景。安东尼去了朋友家住，于是我回到了我们的公寓。每天早上我在邦代路上开车时都慢慢的，希望可以遇见安东尼，希望我们还没有结束。终于在考试结束后，我碰见了他。

“我不知道究竟发生了什么。”我说，“你为什么不爱我了？你为什么不早告诉我？”我似乎是在恳求他给我一个答案。

他看上去有些内疚，他永远不会对我说谎。

“有一天晚上我亲了莉比。”他说。

“什么？”我震惊不已，“什么时候？发生了什么？”

“只有一次，是在下班后，我们没有更进一步。”

我对爱的所有幻想都破灭了，就像亚当在日记里写的和他的女朋友分手时那样：

> 我真的不想再谈起莎拉了，我觉得没有必要。其实不是伤心，我只是觉得累了，厌倦了。我对纯真的心和纯粹的想法的追求已经被社会的现实打败。是现实摧毁了它们，像丢垃圾一样把它们丢掉了。

我不生安东尼的气，在我幼稚的脑海里，生气和爱是不能共存的，而我还爱着他，所以我不能生他的气。至少他告诉了我，所以我把所有怨气都撒在莉比身上。这个前一秒亲了我的男朋友后一秒就来安慰我的人，这种背叛让我无法忍受。都是她的错，是她勾引的安东尼，用她的花言巧语迷惑了他。我让她离开了我的公寓，虽然我知道她无处可去。

在我的坚持下，安东尼和我去看了咨询师，我想要拯救我们的关系。但我们只去了一次，因为咨询师问起了我的家庭，不停地谈论我的过去。

“跟我的家庭无关，”我想，“是我和安东尼。”

我好不容易高高兴兴地把所有痛苦都打包留在了英国，现在又要把它们一个个拆开。

我们自我安慰地说我们没有钱再请咨询师了。

我对安东尼的信任也随之瓦解，当他说一切都会好起来时我已经不再相信，他再也不能给我安全感了。很快，我们在各方面的差距也显现了出来。

安东尼跟我刚认识时，有一种强大的磁场让我们彼此吸引，我把他当作为我遮风挡雨的港湾，他关心我，让我觉得安心。直到现在我才开始质疑，我们的关系是否是一种伪装成爱的相互需求，还是说我们的相互吸引慢慢变成了一种需求？我不知道，我唯一知道的就是我不爱自己，我甚至都不了解自己，那么我又怎么能真正地爱别人？我从来都不知道自己对于爱情有着错误的观念。

20

安东尼和我还是朋友，因为我还爱着他，无法让他从我的世界中完全消失，一想到他不再是我生活中的一部分就让我难以忍受。我继续学习，找了一家新的餐馆做服务生。我又重新开始了我的生活，当然，是为了别的男人。

跟安东尼分手后不久，“地下室”的保安卢克邀请我去他家喝几杯。他常顺道来我上班的“运动酒吧”餐厅跟我打招呼。我总纳闷他为什么会在这里，他的出现让我有些尴尬。卢克高大壮硕，小眼睛，沙色短发。他跟安东尼很不一样，他总是精心打扮自己，穿得整整齐齐，人内敛又害羞。有时候很难跟他开启话题，而安东尼是那种能让你插不进话的人，他激情满怀又热情澎湃，而卢克温和又安静。他让我想起一只我觉得很可爱的泰迪熊，我们没什么共同点，但我挺喜欢他的。

到了约定的那天，下班后我独自坐着喝了几杯，想拖着不去他家，因为我不知道该干些什么。最后我还是在一个很尴尬的时间去了，发现卢克和他最好的朋友以及朋友的女朋友都在，这就更尴尬了。我以为这只是一个随便的邀请而已，我觉得很不自在，又喝了几杯啤酒。当卢克的朋友和他的女朋友准备离开时，我觉得我也该走了。他的朋友看起来很吃惊，就好像在说“难道你不留下来？”这时我才意识到也许这是一次约会，也许卢克喜欢我。他的朋友离开后，只剩我们俩坐在沙发上，空气都凝固了。意识到卢克喜欢我后，我很惊讶，因为我几乎没有去思考自己到底想要什么。

“接下来怎么做呢？”卢克笑着，转过身来吻了我。

让我震惊的是这种感觉居然挺好的，因为我从来没有想过与安东尼之外的人接吻。而现在，没有一点预兆，我依偎在了另一个男人的怀里，又一次感到了安全和被爱。接下来的一个星期里，卢克每天都会给我做晚饭，我们开始正式的约会。他很大方，也很善良，总是保护着我，但我对他没有更深的感情。

当安东尼发现我和卢克在约会时，他孩子气地让我嫁给他，用一种“为什么我们不试试呢”的方式。我看着他，这个我还爱着的男人，这个漂亮又天真的男人，我多么希望他能在三个月前向我求婚，那时我一定会毫不犹豫地答应他，但现在已经晚了。在内心深处，我非常想要相信他，但我清楚地知道他的行为只不过是发现我跟别人在一起的一种条件反射，我们之间的信任早就崩塌了。

卢克很宠我。我知道我们的性格很不一样，他看上去似乎对任何东西都没有热情——都是我来开车，而我不喜欢开车。但是我选择无视这些差距，因为他抱着我时的那种安全和温暖的感觉就毒品一般，药效强到让我愿意置其他问题于不顾。

我告诉卢克我爱他，因为这么说能让他高兴。也许我是认真的，至少在说出来的那一刻是认真的，又或许这只是伪装成爱的害怕。我感觉到有一种霉菌在我的身上滋长，有一种让人毛骨悚然的不安，这种感觉强烈到让人难以忽视。

毕业时乔和爸爸来澳大利亚看望我，我们一起去了乌卢鲁露营，还请了导游。我跟我们的导游相处得很好，他跟我一样，热爱远足和峡谷探险。

我们回到悉尼后，每次见到卢克我都觉得沮丧，我再也无法假装看不见我们之间的不同了。跨年的晚上，我看着他，但脑子里想的都是我曾经有多爱安东尼，而这两种爱是那么的不同。

我就要 30 岁了，但 30 岁的生活却跟小时候想的不一样。我才刚刚读完书，没有工作，也没有家。有太多太多不确定的事，但有一点是确定的：我不想跟卢克在一起。

于是我跟他分手了。但单身也不是我现在想要的，于是我给我们的导游杰克寄了一张卡片，感谢他带我们露营，并建议下次他来悉尼的时候见个面。

我们相约一起爬科修斯科山，卢克不希望我和杰克出去，他说杰克玩的是撩妹书中的老把戏了。我其实没有很喜欢杰克，但享受远足的感觉让我无视了这一点。

一天早上杰克正在我的公寓里，门铃响了。我打开门，看见卢克就站在我面前，他说自己在散步，正好路过就上来看看。

“呃……呃……嗨……嗯……请进。”呸，我为什么要这么说？

卢克并不知道我在跟杰克来往，当他走进客厅看到杰克像柴郡猫一样笑着看着他时，他只是瞪着眼，没有打招呼。我们一起坐下喝茶，我一直在不停地讲话，把所有从脑子里跳出来的东西都变成了话题。卢克没有生气，他从来不生气，他看起来总是无欲无求。

当他起身离开时，我像对待客人一样送他到门口，他看着我。

“谢谢你告诉我门在哪里，塔拉。”他面无表情地说道，随后便离开了。

我觉得自己就像在杂货店偷糖果被抓到的5岁小孩，“你真是不要脸！”我对自己说。但随后，我又告诉自己我什么也没做错，毕竟我跟卢克已经分手了。为自己找理由这件事变得越来越得心应手。

我去了达尔文市找杰克，还在寻找着一种看似无法得到的“充实”。杰克说他打算搬到悉尼和我在一起，我幻想了我们一起在山间、在户外的生活，恬静而美好。

回到悉尼后，卢克和我一起喝咖啡，虽然之前发生了那些事，但他还是想和我做朋友。我们一起回到我的公寓，客厅的电话响了，我没有接。

上帝啊，千万不要是杰克。

随后我就听到他的声音从留言箱里传了出来，我开始冒冷汗，卢克和我都假装没有听见，但这个声音一直在客厅里回荡着。

“嗨，塔儿，我是杰克！我终于踏上去悉尼的旅程啦。真想早点见到你！好好照顾自己，我们很快就见面了。”

我拼命地盲目地为自己的行为辩护，告诉自己，卢克和我只是朋友，他知道杰克的存在，杰克和我也没有真正在一起，因为他还没来悉尼呢。自我麻痹慢慢地变成了彻头彻尾的谎言，我能感觉到哥哥失望的眼神直勾勾地盯着我的灵魂，他最爱的妹妹想要追求纯洁心灵的梦破灭了。

杰克到悉尼的那一刻，我有一种似曾相识的恶心感，两天后，我和他分手了。他坐在我的沙发上大哭，我唯一的感觉就是内疚。

他用泪汪汪的眼睛看着我："你怎么能这么做？为什么？"

"对不起，我做错了。"这是我唯一能给他的答复。

我回答不了他的问题，我也不知道我们为什么会变成这样，我并不想好好端详自己的内心究竟想要什么，只是在忙着四处搜刮可以止住我正在流血的伤口的创可贴。杰克说我是个好姑娘，但有一些问题需要自己好好处理。"你才是那个有问题的人"，我这样想着，也这样让自己相信着。虽然我和安东尼见的那个咨询师不停地挖掘我的过去，但我没事，我很好。

我继续坚持不懈地踩着荆棘横冲直撞，茫然地朝着未知的地方前进，在需要创可贴的时候不顾一切地搜刮着，而哥哥的话就像鬼魅一样跟随着我，提醒我我辜负了他：

> 天哪，我是多么想要纯洁的心灵啊。我都无法好好地谈论感觉，只想说真话，用真心，但这种想法其实是我的自大造成的，是我想要显得与众不同的方法。

我又和卢克在一起了，沉醉在重归于好的喜悦之中，直到再也无法无视那个在我耳边不停地絮絮叨叨告诉我我不爱他的声音。而我却不知道创可贴不但不能抵抗霉菌，反而会因为锁住水分而让伤口恶化。

我的心在不停地挣扎，我的所作所为和我所遵循的价值观是如此不一致。好像我的自我和真正的我在打架，就像亚当说的：

我觉得我对莎拉的“伟大的爱”，更像是对一种理想、一种象征的追求。虽然这种追求我觉得可能跟妈妈有关，但也许是胡说八道，因为在她去世前，我的心思就很疯狂，而且随着年纪的增长，变得愈发不可收拾。我这么说是因为当我想起莎拉时，我想的不是她的脸、她的言行、她这个人，而是一些模糊不清的形象，以及一种从某些爱中被剥离出来的伤痛。

杀死妈妈的癌症扩散到了我们的生活中，病症在我们对感情的态度中凸显出来，亚当和我都不知道我们在寻找着什么。他从青少年时期开始寻找，而我，直到 30 岁才开始。

21

我在圣文森特医院开始了实习理疗师的工作，还是一如既往地讨厌医院。我第一次去医院是在 7 岁时，在伦敦皇家自由医院的急诊室里，那次亚当弄伤了胳膊。我讨厌医院的气味，因为它让我感到不舒服，之后我觉得整个房子都在旋转，然后就晕倒了。

此时此刻，我走进圣文森特的重症监护病房，觉得有人掐住了我的脖子。我看见一些虚弱的病人，靠各种管子和机器维持着生命，他们被禁锢在脆弱的躯体里，在死亡和生存的边缘游走。他们的家人，无助地凝视着自己的挚爱，这一幕让我仿佛看见了曾经的自己。

我负责治疗的病人中有一位来自法属波利尼西亚的女士，她已经在重症监护病房待了数月。因为体内存在抗生素耐药菌株，她一直待在隔离区。由于气管切除手术的原因，她无法讲话，同时也不太会说英语。每天都有数不尽的医生在她的病房进进出出，看着她，给她打各种针。我很同情她的遭遇，每次轮到治疗她时我都会变得紧张不安，因为她的生命是那样脆弱，脆弱到也许我任何一个小错误都能夺去她的性命。

我看着她的眼睛，看见了她眼里的恐惧。也许是我们共同的恐惧把我们连在了一起，让我们拥有属于我们的交流方式，一种混杂着手势、比画和说写的方式。我的工作是帮助她锻炼，帮助她把肺里的分泌液咳出来。她每天都会忧伤地看着我，好像在说：“我就要死了，我不想做这些事了。”我就会回望她：我知道，我也不想对你做这些事。她知道我必须做自己的工作，她也知道自己活不了多久。

我们找到了一种折中的方法，我会用我们的语言跟她进行等价交换。

“如果你做 un, deux, trois, quatre, cinq, six（法语）个抬腿，我就不再跟你说法语了。”

她知道我故意把法语说得很好笑，想要逗乐她。她总是在管子允许的程度下尽力地笑，靠着这种等价交换把腿往上抬，直到能离开床。我一直在旁边给她加油鼓劲，就好像她在四十摄氏度的高温下进行马拉松的最后四百米冲刺一般，其实，抬腿对她来说确实就像马拉松冲刺。有些时候，她对我的笑话无动于衷，鼓励也不起作用，这种时候我便只能看着她，捏捏她的手。

如果我不能让她咳出足够多的分泌液，就只能把它们吸出来。我要把一根管子伸进她的喉咙里，把她肺里那坨黏糊糊的东西吸上来，防止她被自己的分泌液呛死。我讨厌这么做，我讨厌看到她看见我拿起管子时眼里的恐惧。她会眨眨眼示意我她准备好了，但有些时候她会选择拒绝。

这个动作对我来说也是充满恐惧的，因为我经常想起护士给亚当吸分泌液时，我在一旁无助地看着他的身体上下抽动，但最终也没能挽救他的生命。

当我的病人拒绝吸分泌液时，我就不停地跟她比画，在纸上匆忙地写，用似懂非懂的语言不停地讲，直到她完成十个下肌功能锻炼。

随后我们两个人都如释重负地深吸一口气，冲着对方微笑，最后我便得意扬扬地在她的病历上写下：下肌功能锻炼十个。

我觉得她知道我的心灵深处正在与某些事情抗争，我确信她感觉到了我强烈的自我怀疑，因为有一天她给我留了张纸条，上面写着：你很棒。

之后她就去世了，这让我懂得也许，只是也许，我没有能力“救”她，甚至说作为一个理疗师我也许完成不了我期望完成的事，我对她唯一的影响就是我们之间的联系，正如亚当所说：

> 我怎么敢如此高估自己，我害怕……

我想起了伦敦卧室里的那幅《生活的艺术》，两个孤独的灵魂站在热气球里，一条绳索将两个热气球连在一起，也许联系就是生活的本质。如果我当时能跟亚当产生联系，他还会死吗？

不久之后的一个梦让我难以忘怀：

> 亚当和我一起在印度布满灰尘的路上走着，路边散落着一些破败的棚屋，穿着纱丽包着头巾的印度人零星地站着，黄昏的微光让人看不清他们的面貌，只有斑驳的轮廓依稀可见。他们就这样站着，看着；近在眼前却又遥不可及。我依然看不见他们的脸。亚当把重量都靠在了我身上，他生病了，非常重的病。他都无法自己站着，更别说走路了。我们急着赶路，他的双腿软弱无力，就像洋娃娃一样，

我只能弯下身让他把所有重量都压在我身上，然后搀扶着他往前走。“我们必须往前走。”我催促他，但他太重了。前方的路却一眼望不到尽头，路的另一端消失在黄昏的地平线上。“请帮帮忙……请帮帮我们……求求你们了！”我大声呼救，但嗓子好像被钳子钳住一般，一点声响也发不出来。一种令人窒息的痛苦折磨着我，恐慌由内而外渗透至我的全身。路两旁的行人一动不动地站着，观望着，默不作声。我感到窒息，却依旧发不出声，没有一个人上前帮助我们。他们只是站在那儿看着大地将我和亚当吞噬，陷入一片黑暗之中……

我从睡梦中吓醒，浑身都是汗，我感到亚当的灵魂就在我身旁。

对不起，亚当，我帮不了你，也救不了你。

这个梦就是我内心那个未解决的问题的缩影，亚当的死一直让我有一种挫败感。我觉得自己的爱远远不够，所以无法拯救哥哥和妈妈，甚至都帮不了爸爸。我从来没有觉得内疚，只是无比的无助和遗憾。这些感觉让我想要拼尽全力拯救任何人，所以，也不全是徒劳，只是总是不够而已，我做得从来都不够。

我总是看着重症监护病房的病人们，想着他们是否能够走出这里。我的一个病人快 60 岁了，在高依赖病房住了好几个月。他做了气管切开手术，但我不知道他要怎样才能好起来，他的身体和他生存的意志都在我的眼皮底下一点点地溜走。

那是圣诞节，我打算推他出去呼吸呼吸新鲜空气，看看湛蓝的天空。我们把机器、管子、营养液和氧气都挂好，把他推出医院大门的那一瞬间，夹杂着烟尘的风扑面而来。当时正值 2001 年悉尼的世纪森林大火，我看着他突然瘫软在轮椅上，陷入半昏迷状态，呼吸新鲜空气就到此为止吧。我在心里祈祷着希望这不是他最后一次呼吸室外的空气。但我并不知道火灾很快就会成为我生活的一部分。

几年后的一天早上，我在家旁的路上走着，看见了一个中年男人。他看上去很眼熟，但是我想不起来在哪儿见过他，直到我看见他脖子上因为气管切开术留下的伤疤，我才意识到他是我以前的病人。这样健康的在春天的气息中散步的病人。这让我明白，就像赶走浓烟和烟灰一样，人们也可以从绝望中走出来。

我想起了亚当。他可以从他的绝望中走出来吗？

他曾说："我现在就想去死，不是真的……"

随后我又想起其他的病人，那些脑外伤患者，那些我无法与他们产生联系的患者。他们总是语无伦次又心情低落，不仅仅是被剥夺了社交能力，也被夺走了真正的自己。

巴里就是其中之一，他总是会生气又懊恼地手舞足蹈。也许这一天我觉得我成功地改变了他，但是第二天就发现他忘了我教他的一切。他的家人告诉我在车祸前，他是一个爱闹爱笑的人，不喜欢循规蹈矩，也很有幽默感。

我希望亚当也变成这样吗？

我想起了护士的话："就算他醒了，也不再是曾经的那个他了。"

后来我明白也许死亡对他来说是件好事，他就不用过着依靠别人又痛苦不堪的生活，就算他活着，也不再是曾经那个漂亮有魅力的亚当了。

有一天我去上班时发现前台的接待员不在岗位上。

“安妮去哪儿了？”我问我的同事。

他没有回答，只是递给我一封安妮在精神病医院的床上写的信，她刚刚企图自杀。我惊恐地打开这封信，她在信里解释了自己的行为，她的每一个字都带着浓浓的忧伤、内疚和后悔。我似乎能看到黑暗是如何吞噬她，阻挡住每一条逃生道路的。她的话直击我的灵魂，唤醒了我心灵深处关于亚当是如何被绝望和痛苦包围的记忆。我想逃跑，想要离开这里，于是径直走进了卫生间，把门锁上，拼命地忍住不让泪水决堤。我还有一堆病人要问诊，所以我下定决心不能哭，把眼泪挤回眼睛里，只有一滴眼泪夺眶而出模糊了我的视线。我感到于心不忍，内心深处有一种声音在叫喊，呼唤我向她伸出手。最终，我坐在桌子前随心而去：

> 我知道现在你正处在一个黑暗地带，看不见任何出路。但是生活最美好的地方之一就是它一直在变化。你现在的感觉也许在今天，在明天，在下周或明年就变得不一样了。未来当然也会有黑暗地带，但也一定会有光。就算转瞬即逝，也请一定要抓住那些有光的瞬间，要珍惜它们。把它们抓在手心里，珍藏在最靠近心的地方，这样在你需要它们的时候就能触碰到它们。
>
> 我知道现在你几乎意识不到身上美好的事，但请试一试，一定要试一试。爱你的爸爸妈妈，不管你做了什么让

他们受伤的事他们都会继续爱你。当妈妈抱你的时候，记住那种感觉。记住那一刹那，你是如何忘记痛苦，重新获得安全感的。记住那种让你的脸上扬起笑容的温暖，记住这些简单但快乐的事。它们将会成为每天给你带来光明的某一个点……去找一找，把它们写下来，然后放在身边。

你在寻找帮助，还承认了自己的问题，这就是前进了一大步，同时也向光明迈进了一大步，是为了更好更坚强地生活。现在正是最艰难也是最痛苦的时期，但同时也给了我们最好的机会去学习。这种学习机会是一种恩赐，如果你能走出来，做一些最简单的事情，比如闻闻花香，看看星星的光芒或是尝一尝最爱的食物，总有一天它将成为你前进的力量。

我知道也许这些话在现在对你来说没有任何意义，但请保存这封信，当你觉得可以的时候再翻开看一看。我一直牵挂着你。

塔拉

这些话从我的内心深处涌现，就这样从手指间流淌到纸上。一个人向另一个人伸出手，就像《生活的艺术》一样。我没能够帮助亚当，但我可以用我所知道的去帮助别人。这样做的同时，也在治愈我自己。

22

我跟卢克分手已经有两年了，但还是跟他保持着一种纠缠不清的关系，就是没办法彻底分干净。我一直坚持着跟他藕断丝连，抓着他就好像抓着一根树枝，可以赶跑身后追捕我的猛兽。

事实上，我无法跟任何一个前男友完全断绝关系。因此，同时邀请卢克、安东尼和杰克来我的生日派对看起来再自然不过了。我美其名曰他们都是我的朋友，虽然并不知道为什么我跟他们会变成这样的关系。

那天，我是在一个又一个的尴尬中度过的。

乔当天也从英国赶了过来，难以置信地冲我摇了摇头说："你要好好处理一下这件事了，我的小塔儿。"

听到这句话时，我手里抓着的树枝突然掉在了地上，就是在这一刻我意识到了自己有问题。乔就像拿了面镜子照着我，对我说："好好看看自己。"

后来，就好像为了证明什么似的，发生了一件强迫我着手处理自己感情问题的事。就像戒瘾一样，只有内心深处有足够强大的动力和决心，才能成功战胜痛苦并摆脱瘾嗜，继续向前看。

一天半夜，我觉得自己的身体有些异样，我的胸部变得比以前柔软，还有些疼痛，随之而来的是一阵恐惧。我立马意识到自己怀孕了，虽然还没有经过任何检测，但我确信。

哦天哪，不要，千万不要。

32 岁的我觉得很羞耻，也觉得自己很恶心。我怎么会让自己沦落到这种地步?

我等待着。

直到生理期推迟了我才去看医生，检查结果就跟我想的一样，我怀孕了。

我告诉了卢克，我们谈了谈。他一直想要孩子，我知道我对这件事并不欢呼雀跃让他备受打击。他爱我，但我们两个都知道我们现在的关系一团糟。

我觉得自己可能做不到的事最终还是做到了，因为我的心里知道这一切应该停止了。如果我不想跟这个男人有孩子，就要承认我不爱他。如果我不爱他，那我现在跟他又是什么关系呢?从那以后我跟卢克再也没有发生什么。我终于做了姐姐让我做的事，审视自己。

我的面前是一座高不可攀的大山，而身后是妈妈去世后我挣扎前行的足迹；是亚当自杀后我陷入的泥潭；是在河水中防止自己溺死紧抓不放的大石块；是为了躲避猛兽攀爬的大树。最终我站在这儿，站在这座大山的脚下，渺小又微不足道。我想起了亚当和他的喜马拉雅山之旅：

巍峨的高山屹立着，斑驳的雪点缀着山顶的巨石，终究渐行渐远，化为下坡路上绿色的草原。当我们刚登上第一个山丘时，空气就开始变得稀薄了，顶峰看似高不可攀。我们开始手脚并用，喘着大气在弯弯曲曲的山坡上爬行，肌肉酸痛不已。脚底的雪增加了攀登的阻力，空气稀薄到让人的胸口都痛了起来。凹凸不平的岩石带着裂缝屹立在我们面前，阻碍着我们前进，我们就像蝼蚁攀登城堡一般。

亚当的话完完全全地反映了我的内心。

我终于意识到自己需要帮助才能征服这座高峰，为了亚当，也为了我自己。

一个好朋友给了我心理医生的电话，经过一番挣扎和抵抗后，我成功预约了。走进汉娜的办公室时我的整个身体都在颤抖，我觉得自己摇摇晃晃的，就像新生儿一样不堪一击。她招呼我在一张舒服的椅子上坐下，让我有一种说不出的亲切感，也许是因为她整齐的短发和雀斑。她是个古怪的女人，40 多岁，穿着也很古怪。

“所以……”她说。

她刚说出这两个字，我的眼泪就夺眶而出。这是我第一次讲述发生的一切，第一次尝试触碰内心的疼痛。

每次我说起过去家里发生的事时，我总是会说妈妈去世了，有一个哥哥，但也去世了，我从来没有提到过爸爸的病。虽然我在说着，却不带任何感情，似乎这些故事与我无关。

这一次，我觉得我与这些话是有联系的，它们是我心中的痛苦所在。这种感觉就像我在做人生中的第一次化疗一样，我觉得恶心，但最终还是鼓起了勇气跟心中的癌症抗争。我找到了正在扼制我的灵魂的恶性肿瘤。

“你有什么感受，塔拉？不是你的想法，是你的感受？”汉娜问。

"我……我……我不知道。"我支支吾吾地不知所措，就像亚当一样。

为什么这么难理解自己的感受？感受本质上来说就是想法，是吗？

我每周都会去见汉娜，她帮助我理解这个问题，帮助我找到感受的实质。虽然进程很慢，但我开始理解想法会影响感受，会玷污感受的纯净，亚当也有这样的感觉。

这种心智是不会让纯洁的感受出现的。

我无法实话实说，因为我不知道自己的感受，我只知道自己的想法，就像亚当说的：

> 我所拥有的一切美好又真诚的感受都有两面性，它们的可信度值得怀疑，不知源于何处，也不知因何而起，却虚伪得让人羞愧。

我和亚当都在与同一种困惑做斗争。我开始明白要想触摸感受，不是去思考它，而是要发现眼泪背后的真相。我一直小心翼翼地用想法包裹住自己，用想法来保护自己，当我把它们都抛开，我发现自己最害怕的是：孤单、黑暗，还害怕攀登顶峰，害怕失败，害怕过去和未来。恐惧弥漫在我做的和感受到的一切事情之上，要抓住恐惧的本质，我知道自己必须追溯到过去，回到童年，找到它的源头。在遇到汉娜之前，我流了无数次眼泪，但从没有探究过这种情绪背后的原因。我从没有真正感受过它。

我要一个一个地走出恐惧，一层一层地把它们剥开。心理治疗给我打开了这扇大门，但接下来的工作得我自己来做。我必须接受改变，学会通过不同的角度看这个世界。

我开始意识到自己在用感情来掩饰对孤独的恐惧，就像亚当一样：

> 莎拉很贴心，让我感受不到……我不知道该怎么描述，也许是孤单，对，是孤单。

好像全世界都在协助我直面自己的恐惧一般。我想买一套两居室，但一直没找到合适的。就在我打算放弃，说服自己负担不起两居室时，我爱上了一套在十字路口，厨房天花板还会漏水的一居室。我买下了这套房子，就这样，逼迫自己独处。我让自己变得忙碌，似乎害怕闲下来，觉得只要一闲下来就会胡思乱想，而我不想这样。我不想审视自己的内心，亚当曾这么做，最终这种做法杀死了他。

渐渐地，我学会了如何独处，如何自己一个人坐在灯光下，再到后来学会自己一个人坐在黑暗中，这种改变细微到几乎难以察觉。我放慢做出改变的脚步，从冲刺跑转变为慢跑。我渐渐意识到如果我开始思考一些事情，我想停下来时就能停下来。我开始能够窥视自己的过去而不被痛苦折磨，不会像亚当那样被痛苦吞噬。

我把它当成一项运动训练。如果你要跑马拉松，一开始不能跑太快，不然会受伤。你要跑跑走走，达到一定路程后再慢慢地增加跑步量。我也用这样的方法训练自己独处，独自一个人在家里度过孤独的夜晚。

在这些孤独的夜晚中我脆弱又敏感。我讨厌黑暗，讨厌它追捕着将我吞噬的方式。晚上是最危险的时候——你无法在黑暗中奔跑，在死寂的夜晚，我跟妈妈告别了，而我的哥哥从窗户上跳了下去。我必须让自己知道独自坐在黑暗中是安全的，这样我才能直面恐惧，也许，我还能找到寂静之美。

在汉娜的帮助下，我一层层地剥开自己的保护壳，就像俄罗斯套娃一样。虽然过程很艰难，但我还是努力搜寻着中间那个最小的娃娃，那个被一层层保护着的娃娃。

接受了一年的治疗后，有一天我坐在她的办公室里，她温柔地引导我谈论妈妈。我一直在不停地说亚当和爸爸，但直到现在我们也没有谈论太多关于妈妈的事，因为我似乎不记得那些事。那些记忆好像被封存了，有太多太多的过去似乎都被我遗忘了，然后我毫无预兆地哭了起来。

“我从来没有因为妈妈的事哭过。”我抽泣着。很奇怪，我好像总是哭，但从来都不是因为妈妈。

“看来，是时候为妈妈哭了。”汉娜轻声说。

近二十年来我从来没有为妈妈的死而悲伤，失去她也没有像失去亚当那般痛苦。

慢慢地我开始将妈妈去世期间支离破碎的记忆拼凑在一起，重新搜寻能记得的每一个细节。一点一点地追溯，从她去世的那个周末开始，从那天半夜我突然醒来急迫地想要见到她开始。

记忆的碎片在我的脑子里呈现，我对医院楼梯有着一些记忆。

妈妈的遗体是从这些楼梯上被抬走的吗？也许是吧。又或许是我绝望地在楼梯上奔跑却找不到妈妈？我是不是觉得她去世时我不在现场或者是没有人告诉我她去世了让我无法接受？我还记起我们三个人坐在她的床边想要跟她告别。

与记忆同时产生的是一种恶心感，它从我的内心喷涌而出，就像波涛汹涌的海浪一样，把痛苦、悲伤和伤痛全都宣泄出来。我的胸口、胃和喉咙都在不断地收缩，好像浸泡在盐水里，势必要把自己吐个干净。

我哭着，哀号着，内心却有一种被妈妈的手臂环绕的温暖和安全感，我感受到了失去她的感觉。

这个疗程结束后，我开始审视自己内心的悲伤，就像亚当那样：

> 如果我能说清楚自己的悲伤，也许我的意识能让我说清楚，那么我可能比现在更有活力，更配得上生活。如果让我自己看，我会看到自己是个自怨自艾的可怜虫，每个读到这段话的人都会这么觉得。我以为自己可以结束这一切，但很明显，我无法摆脱这种“恶心”。

就跟亚当说的一样，我也无法摆脱我的“恶心”，也许哥哥是对的：

> 有时候我觉得自己天生就是个悲伤的人，有没有人生性悲伤或生性快乐？应该有的吧。

我也是这样的人吗？我觉得是这样的。熟悉我的人总说有时候我的眼神空洞，总是与别人保持距离，待在一个别人无法靠近的区域，悲伤就这样舒适地站在我的肩头，我几乎意识不到它的存在。

几个星期后，我开始允许自己去感知这种悲伤。我走在家旁边的勃朗特海滩上，坐在海边看着海水起起伏伏，任由过去的记忆和伤痛浮出水面。我记得在火葬场，我站在那儿看着妈妈的棺材被传送带扔进火海之中。我静静地坐在海滩上，悲伤笼罩着我，看着它渗透进我的身体，一开始是在心里，它在心里待了许多年了，随后进入到喉咙，再蔓延到舌根上。它已经不再那么强烈了，但依然无处不在，让人感到窒息，就像用吸管从一个没有氧气的瓶子里吸气一样。我开始给妈妈写信。

亲爱的妈妈：

我不知道如何开始，想说的太多了，也不知道为什么自己没有早点儿写这封信。为什么会这样？你和我们怎么会变成这样？你去哪儿了？你为什么要离开？我需要你的爱，我需要跟你说话。我觉得好像再一次失去了你，但也许这才是第一次。也许这么多年来我都不够坚强，不敢为你的离开而感伤。

我想你，妈妈，真的好想你。我想要伸手去触碰你，多么希望你在这儿帮我赶走所有的痛苦，赶走所有的恐惧，让我变得有安全感。

我记得我刚知道你病了，病得很重可能会死的时候，我躺在床上哭泣，你走上楼安慰我，拍拍我的脑袋然后抱着我。后来有一天你再也不在了，之后夜里我再躺在床上哭泣时，身边却一个人也没有。我记得自己意识到接下来就完完全全只剩我一个人了，现在我又有了这种感觉，这么多年之后这种感觉还是如此清晰。

我好害怕，妈妈，我非常害怕，这种感觉就像 13 岁时回到家发现家里一个人也没有一样。又安静又黑暗，什么都没有。它让我感到恐惧，我害怕自己也会神志不清，变得不受控制，就像爸爸，甚至是亚当那样。我害怕那种黑暗和寂静，我害怕一个人，害怕与外界失去联系。我害怕失去，害怕一无所有，害怕不知道自己是谁，害怕失去你，然后失去自己。我害怕什么也找不到，我想要依偎在你的怀里，想要有安全感。我想要感觉到你的力量，那种带着我前行的力量，我想要你依然在我心里跟我在一起。

我希望你和亚当已经团聚了，并且相互抚慰，在天堂看着我和乔。我希望你能原谅我，妈妈，原谅我总是让你失望，原谅我没能够拯救亚当。对不起。

我爱你，妈妈。

我凝视大海，抚慰着自己的心灵直到思绪停留在火葬场，停留在我克制住不让自己哭喊的时刻。它去哪儿了？这就是为什么我觉得喉咙发紧的原因吗？

重新体验这段记忆时，我把它记录了下来，按照自己的想法重新开始幻想。这一次只有我一个人在火葬场里。我跪在棺材前，一只手放在棺材上，一只手按着自己的胸口，跟妈妈说再见，这是属于我的时间。我全身心地投入在这段记忆之中，按着自己的想法回忆着。随后我看着自己，那个13岁的小女孩，我把她紧紧地抱在怀里，小声对她说，一切都会好起来的，你会没事的，我会一直在你身边。

我就这样走在回家的路上，沉浸在自己的悲伤之中。一个小女孩向我跑来，打乱了我的思绪。她伸出手把一朵花塞在了我手里。

“一切都会好起来的。”她对我说，露出了一个天使般纯洁的笑容，随后便跑开了。我感到很诧异，迷茫地盯着手里的那朵花。抬头时她的爸爸正看着我，笑着对我说：“我们只是想做些好事，让别人感到开心的事。”

那个小女孩永远也不会知道那一天她对我产生了多大的影响。那一刻她触碰到了我的灵魂，给了我希望。

心理治疗给我提供了治愈悲伤的工具，帮助我理解发生的事，让我尝试从杂草丛生的伤痛中走出来。它为我打开了认知的大门。我不再盲目地奔跑，而是放慢脚步环顾周围的美好与痛苦。渐渐地我走了出来，重新面对眼前的高山。我重新攀登它，偶尔停下脚步计划自己接下来的行程，但总是忘记回头看看自己已经走了多远。

23

汉娜曾对我说："治疗分很多种形式，塔拉。"当时我只是有些困惑地笑了笑。在邦代海滩附近住了这么多年，我经常特意从北邦代冲浪救生俱乐部的门口经过，思考着像我这样的外行能否加入。这里总是让人望而生畏，嘈杂又忙碌，穿着红黄相间巡逻服，有着古铜色肌肤的健壮男女扛着冲浪板和救生设备进进出出。我花了八年时间才鼓足勇气走进俱乐部，登记参加铜章课程，是妈妈临终前写给亚当的话驱使我这么做的：要记得无论你在做什么，你都是社会中的一员。生活在大千世界里，每个公民都要对社会负责，要关爱社会，给予爱心，与他人共同承担起社会责任。

我成了一名冲浪救援志愿者，在一次机缘巧合中接触到了冲浪赛艇这项运动。冲浪艇要靠四个人划桨提供动力，还要有一个人在船尾用桨控制方向，它是在机动救生艇出现之前用来营救海上被困人员的方式之一。

我第一次坐上冲浪艇就坐错了方向，迅速暴露了自己从来没有划过船的尴尬，这个情节跟爸爸左右摇晃车子帮助我启动的场景如出一辙。

经历了第一次的窘境之后，我发现划冲浪艇对我来说是一种治疗，它比我在植物湾第一次坐船那次要治愈得多。

在平静的水面上学了一些基础动作之后，我们开始向海浪进发。

我们本打算在一个风平浪静的日子出海，但当我们出现在马鲁布拉海滩时，海浪似乎改变了主意。大海突然变得波涛汹涌了起来，我感到又紧张又兴奋。我们把冲浪艇拖下水，在海浪打向我们时迅速地跳上了冲浪艇，两百公斤的冲浪艇就像羽毛一样任凭大海拉扯。我们在冲浪艇上与大海搏斗着，被海浪无情地拍打推搡。我的恐惧在此刻烟消云散，取而代之的是一种喜悦。我像个孩子一样叫着笑着，从来没有这么轻松自在过。这是一种完全的释放，就像在赞比西河漂流一样，有一种精神上的和谐。我的身体、我的动作和自然完美地融合在一起。回到海滩上时我发现自己做了好几个侧手翻，无忧无虑又欢快洒脱。我从未如此清醒，仿佛找回了自己的激情，找回了与世界的联系。

我们开始像船员一样接受训练。划船不像别的体育运动，它靠的是团队合作。节奏很重要，每个动作都要一致。我们开始疯狂地训练与彼此的一致性，甚至在健身房用节拍器来调整节奏。我们组建了一个团队，成为团队的一员给我带来了强烈的归属感。甚至让我觉得我有了另一个家，因为划冲浪艇是有危险的，我们要相互照顾自己的队员。如果冲浪艇翻了，你要做的第一件事就是“数人头”，确保你的队员都是安全的。我们每周要在一起训练八九次，相互见过对方最糟糕的时候、最棒的时候，还有在这中间的所有状态，划船把大家都联系在了一起。

我们开始参加比赛。自从青少年时期因为只喜欢训练不喜欢比赛而让教练失望后，我就再也没有参加过任何比赛了。我们现在的教练说，比赛是 90% 的精神加上 10% 的运动。我的运动天赋达标了，但精神却背叛了我。一旦输了比赛就相当于印证了这个事实：我不像大家认为的那样优秀，我就是个骗子。就像亚当认为他自己是个骗子一样："我这一生都在说谎……"

我觉得划冲浪赛艇在很多方面都像极了人生。当大海风平浪静时，比赛就变得简单，也没有什么障碍物，但与此同时，兴奋感和学习的机会也变少了；而当大海波涛汹涌时，风险高了，危险程度也上升了，划船变得障碍重重，浪越来越高，越来越大，欢乐和恐惧也随之增强……但只有这样才能学到新的事物。

在比赛时我更害怕失败，而不是渴望成功，这不是一个顶级运动员该有的心态。我总是想着只要赢了这枚奖章或那枚奖章就足够优秀了，但从来都不满足。直到参加新南威尔士冲浪救生艇锦标赛的那天，我的想法发生了转变。那天我们进入了决赛，我穿着泳衣扛着桨朝冲浪艇走去。阳光和微风穿过我的身体，我觉得此刻的自己完完全全属于我一个人，是百分百的我，是完整的我暴露在阳光下，并专注于此时此刻。我站在海滩上，凝视着大海，等待着比赛开始。海面上惊涛骇浪，但我的内心很平静，我知道我能做的就是尽自己最大的努力，这就够了，不管结果如何。我的心灵、身体和思想都融为了一体。在那一刻，所有的挣扎都消失了。

这场比赛几乎不费力，当冲浪艇划过水面时，我感到有一种让人心旷神怡的力量从船桨渗入我的身体，美丽的海浪在我们身后，我能感觉到它在冲浪艇下产生的动力。我们用力地划着，成功将冲浪艇冲出水面，我感受着它从水中破蛹而出，重新回到海面上将生机注入我的灵魂里，这就是激情的本质。那天我们带着一块银牌回家了。那是我获得的最骄傲的奖牌，因为在那天我明白了我不需要十全十美。我终于甩掉了哥哥肩负着的完美主义的诅咒：我不完美，而我无法接受这个事实。

在划船时我们会谈论毫厘之差，每划一次你都有可能跟前面的船差出一厘米，你不会注意到这样细微的差距直到你们相隔了一艘船的距离。这就是痊愈的速度，以毫厘为单位，悲伤如波涛般涌来，而痊愈以毫厘计算。

三

此刻我真正活着

我走了很远的路，终于看见藏得最深的自己，此刻我真正的活着，那是救赎之音，也是我存在的最大意义。

24

是时候和爸爸一起去印度了，我已经一个人生活了好多年，树立了自信，也变得坚强了，是时候向我的过去迈出第一步了。自从6岁离开祖国后，爸爸已经七十年没有回去过了。这些年里他从未与过去接触，他最后一次见到弟弟沙姆是1970年在伦敦的时候。他们对彼此的生活一无所知，我需要去寻找自己的根，也给爸爸一个机会去追溯他的过去。

看着机窗外飘浮的云朵，我感受到了身体里的紧张，胃部有明显的紧绷感。亚当对印度有一种着魔般的热爱，但那里也让他变得悲伤。印度是不是他自杀的催化剂？我会不会也变得跟亚当一样？我真的足够坚强了吗？这种精神压力对爸爸来说会不会难以承受？这次旅行会不会诱发新的问题？

我知道这次旅行的目的是为了直面恐惧，直面我自己的恐惧和爸爸的恐惧。我们的旅行注定充满意义，同时也一定会产生剧烈的情绪波动。

我先回了英国，然后跟爸爸一起飞往印度。我看了他一眼，他胖乎乎的手指笨拙地剥着飞机餐。这对他来说太烦琐了，酸奶盒子似乎专门在跟他作对，惹他生气，他的怒火也影响到了我。

他和他的弟弟有什么相似之处吗？他是怎么在贫穷中生存的？亚当从印度回来的两个月后就自杀了……

"喔，呃……塔拉。"我的思绪被爸爸打断了。

“嗯？爸爸。”

“我要去厕所。”

“好的，爸爸。把你的托盘给我，我跟你一起去。”

我看着他哆哆嗦嗦地想要解开安全带。

“我帮你吧，爸爸。”

终于，一番努力之后，他成功地站了起来，走到了过道上，却发现厕所门口在排队。

“天哪。”

“怎么了？”

“喔天哪……呃……呃……太迟了。”

我向下看，一块深色的印迹顺着他米黄色的裤子往下蔓延。我想起来那天早上看见他行李箱里的东西。一些吸水长裤，几本书，一把剃须刀，一把牙刷和一件睡衣，别的什么也没有。

在这一刻，我意识到这次旅行有多么的困难了。爸爸已经老了，而且他很害怕。几个月前他就已经开始打退堂鼓了，是我向他保证我会照顾好他的。

他清楚地记得儿时的印度：那个他生活了六年的村庄，他出生时的房子，他的妈妈，以及那些神圣的记忆。我担心当他发现那个地方跟他记忆里的那个印度北部小村庄不一样时，所有的美好都会被玷污。我想要给他安宁，看着他饱受折磨会让我心碎。

我把亚当的日记带在身边，我知道在某些程度上，这次旅行是一种对亚当记忆的朝圣，我需要为我的哥哥以及自己做这件事。想起他对印度的第一印象时，我不由自主地笑了起来。

终于到印度了！这个地方太神奇了。印度值得被记录下来的理由之一就是它一点儿也不让人惧怕。虽然一开始的混乱让我有一点点焦虑，但这种感觉很快就蒸发了，只剩下好奇和高兴。在这里我觉得很自在，一点儿也不害怕遇到新的人和事。也许是想要变得独立自主，想要更进一步探索的欲望给了我这样的自信。这里的人不会跟你很亲密，但他们友好且尊重他人。

你会沉浸在其中，它接纳各种形式的生命及生命中的苦难，比你想象得更包容。万物皆有所归，就像色彩和美一样，当然也包括痛苦。但并不是说在这里就会迷失自己，你的惊讶、困惑和厌恶，一切都完好无损地存在着。虽然有时候它们没有那么明显，而是相互融合在一起，就这样自然而然地待在你的脑海之中。

我希望这次旅行最终能让我和过去和平共处，让我能舒适地与它待在一起，尊敬它，感谢它给我带来的一切，而不是痛恨它带走的一切。

沙姆叔叔在他 9 岁时就回了印度，我从来没有见过他。他和爸爸生活在两个世界里。他们的生活和教育水平完全不同，叔叔几乎没有接受过正式的学校教育，20 岁开始服役当步兵，在军营里待了二十九年，上过战场，而我的爸爸有双学位，还是博士。

除了每年圣诞的贺卡外，他们再没有别的交集。

我很好奇我在他心里是什么样的形象。30来岁，没有结婚也没有孩子，一个划船的女人，我简直就是传统印度女性的反面教材。他给我回的电邮让我感到宽慰，因为他听起来跟爸爸完全相反，他热爱自己的生活，热爱军队。

我们走进孟买机场到达大厅的那一瞬间就被印度面孔包围了。我四处张望想要找到亚当二十年前给叔叔拍的照片上的那张脸，但每张脸似乎都是一样的。你在哪儿？叔叔？到底在哪儿呢？没有人来认领我们，我们就像被遗弃的行李，就像学校足球队最后一个替补队员，只有出租车司机想要收养我们。

“没关系的，爸爸，不要担心，我去找个电话打给乌尔米拉婶婶。”

爸爸缩成了一团，一声不吭，越来越多的人围在我们身边，好奇地打量着我们。

终于，我接通了打到浦那的电话，是婶婶的声音。

“你们到了，没有吗？”我喜欢印度人在疑问句后面加个否定词的习惯。

“到了，但是我们找不到叔叔。”

她轻声地咂咂嘴：“哦，好姑娘，你的叔叔借了个手机，你打给他。”

我拨通了她给我的电话号码，电话那头的嘟嘟声似乎响了一个世纪。终于，一个男人的声音传了出来。

“你好。”

“你好叔叔，我是塔拉。”

“天哪，我们肯定是错过了！”叔叔用一种迷人的、稍微结巴的印度口音回答道。“你长什么样？”他咯咯地笑了起来。

就像刚从喜剧片里走出来那样，我想这么说。

“我很大只（体型比较大），黑色卷发……”

“啊，我看到了，看到了！”

我看见一个精神抖擞、行动矫健的男人朝我们走来，带着满脸笑容。是他吗？爸爸不知所措地站着，这个男人眼里含着泪水向爸爸伸出一只手，我看着这对兄弟的手四十年来第一次握在一起。

爸爸的脸上扬起了笑容：“啊，沙姆！”

叔叔领着我们坐进一辆停在路边等候的车，一路上他都在不由自主地笑着。他说有什么东西扎得大腿痒痒的，但他没有意识到是手机响了，直到旁边的男人提醒他。他也没有收到我发给他的照片，所以他不知道我长什么样。

跟叔叔待在一起让我觉得很放松，亚当的描述是多么准确：

> 昨天沙姆叔叔和我逛了孟买，跟他待在一起很愉快。我的叔叔，多么鲜活的生命，他搞怪又富有生命力。你应该看看他是怎么逗孩子开心的，他假扮成大眼睛的公主让小女孩发笑，又扮成调皮的猴子逗小男孩开心。他真的很贪玩，总喜欢恶作剧。多么富有生命力啊，跟爸爸和萨马叔叔完全不一样。

沙姆叔叔确实很贪玩，这跟他的军人身份看起来很不协调。

在印度的第一个晚上，我从行李箱里翻出一本满是旧照片的相册，是沙姆叔叔让我把这些照片放在一起带来的。我费了好大的力气才找到这些有我们五个人的照片。我把相册递给他，看着他一页一页小心翼翼地翻着，努力想要拼凑出遗失的四十年。我似乎感觉到了他内心的温暖和喜悦，还有悲伤。

“你知道吗，沙姆，我觉得小时候父亲要你回印度是错误的决定。”

我听见爸爸的声音里透着一种熟悉的愤怒。

“不，不是的，希瓦吉，这是我的选择，父亲从来没有强迫我。”

“胡扯，沙姆。你那时候只是个孩子，你要面对那么多困难。”

爸爸背负着的痛苦中有一点就是对沙姆叔叔的愧疚。他愧疚自己和萨马能留在英国，而沙姆却要在印度长大，在一个艰苦的环境中生存。他觉得跟沙姆倾诉这一点能减轻他的内疚。

“不是这样的，希瓦吉，你错了。的确在最开始的六个月我觉得很不适应。”沙姆叔叔笑着回忆起自己刚回印度时不知道怎么用厕所，也听不懂印度的语言，他的叔叔还会把父亲寄给他的钱克扣下来。

“的确，叔叔是个坏蛋，但他本性是善良的。”沙姆叔叔笑着点点头，而爸爸咂着嘴，拼命地摇着头。

“你没有上学。”

“嗯，但是，希瓦吉，我想要参军，我一直都想当军人。这不仅仅是父亲的希望，也是我的。”他的眼里噙着泪水，“你知道吗，在前线时，我跟战友们挤在一张毯子下，在战场上我第一个冲出来，他们跟在我后面……”

“天哪，天哪！”我听见爸爸一直嘟哝着。

你感受不到这种热情吗，爸爸？我很容易跟叔叔产生共鸣，我想起了在津巴布韦，想起了划船时的归属感，那种大家一起努力，一同分享喜悦的感觉。

叔叔说的每一句话都是发自内心的。

“我的生活很美好，很幸运我能从事自己喜欢的职业，并彻彻底底地享受其中。我绝不想跟别人交换这种生活。”

爸爸依然摇着头。

我想要咆哮，生活不只是物质需求，爸爸！但我什么也没做，我只是坐着，敬佩亚当在 18 岁时就能感悟到这些：

> 生活的快乐就是与人分享，是分享把我们与生活的本质联系在一起。我真是个西方产物，竟然觉得生活跟富裕有关。其实生活的本质是分享，是关心他人和拥有怜悯之心……

即使到了 70 岁，爸爸也还是不能接受在印度的生活，不能接受物质条件没有那么富裕的生活，觉得它不会带来幸福。我看着他们兄弟俩，觉得生活充满了讽刺：沙姆叔叔这样的有活力，站得笔挺，永远直视前方；而爸爸总是弯着腰，低头看着地面。这个被后悔和害怕束缚的男人，他的儿子有着很好的物质条件，也接受了最高等的教育，最后却自杀了。

沙姆叔叔相信该发生的总是会发生的。他谈到一个印度教徒对他的影响，回忆起那段经历洗涤了他内心的愤世嫉俗，让他开始相信命运和信仰。

“完全是胡说八道，沙姆，你知道吗？除了乔安娜和塔拉，我什么都不在乎，说实话，就算马上要世界末日了我也无所谓。”

爸爸语气中透露的愤恨让我感到惊讶，随之而来的忧伤感更是让人难以忍受。

“我唯一的愿望就是在我死的时候，能有一个女儿握着我的手。”爸爸轻声说。

第二天我们坐在摇摇晃晃的车里，向爸爸出生的村子进发。我看着窗外坑洼不平又布满灰尘的路，想起了亚当和他的旅程。

> 到处都是干巴巴的黄土，阳光毒辣地照射着尘土飞扬的道路，周遭是木质的棚屋和红色的泥土墙。空气甜腻腻的，有一股难闻气味，身上包裹着一层密不透风的水雾，在呼吸的时候钻进你的喉咙里，夹杂着粉尘和腐烂的气味。

忽然之间，我的梦就这样展现在眼前。我迅速地认出了这个地方，这就是我梦中的那条路，我就是在这条路上一直往前走，拼命想要搀扶起亚当最终却只是徒劳。这一刻我才意识到印度对我来说意味着什么，它在我的人生中占据着十分重要的位置。

我们终于到了班浦尔，爸爸出生的地方。现在它归属于费特迦，一个离勒克瑙北边有 6 小时车程的小镇。那栋老房子还在，一些亲戚住在里边。我们刚下车，一个老妇人——爸爸表兄弟的妻子就迎了上来，她低下头伏在地上亲吻我们的脚。我被这种文化差异弄得很尴尬，就像亚当那样：

> 有时候我总觉得在印度自己就像个外星人，反正我本身就没有什么社交天赋。我发现自己一直在感谢每一个人，并冲着他们微笑。我真的太不习惯来自印度的热情和宠溺。

爸爸看见那扇旧大门时满脸的欣喜。

“我记得有一次我的头撞在这个铁把手上。”他温柔地说，轻轻地摇着头，好像不敢相信自己此刻就在这里。他的眼睛变得炯炯有神，我很少看见他这样。就好像在他的灵魂深处注入了一股力量，一股被埋藏了多年的力量一般。

爸爸和叔叔在老房子里慢悠悠地逛着，时不时地停下来回忆过去。

“啊，就是这里，我们总在这里玩弹珠。”

“你记不记得我们在屋顶上放风筝？”

叔叔扶着爸爸的手走上旋梯。

“你就是在这个房间里出生的，希瓦吉。”

我们在爸爸出生的房间里坐下，一边喝茶一边吃色彩鲜艳的印度点心。

后来我们回到勒克瑙，在一个表亲家留宿。这是一栋简陋的房子，但是为了迎接我和爸爸，他们认真地装扮了一番，并让我们在他们自己的床上休息。客厅很小，中央放着一台好像螺旋桨一般的机器，有两个空调那么大。

晚饭后亲戚们陆续前来，有一些人奔波了好几天就是为了看一眼我们。很快，客厅就变得人满为患，到处都是穿戴整齐的表兄妹和叔叔阿姨们。他们很多人不会说英语，但光是看着我们就让他们觉得高兴。房间里变得闷热，他们就打开那个螺旋桨，它呼哧呼哧的声响盖过了所有人的对话。

穿着艳丽纱丽的女人们忙碌地招呼着我们，催促我们吃东西，但她们自己什么也不吃。爸爸似乎并没有因为访客不懂英语而沮丧，他开始滔滔不绝地抨击印度，斥责印度的社会经济问题。虽然沙姆叔叔努力想要跟他解释种姓问题已经没有那么严峻了，但爸爸一点儿也听不进去，加足马力告诉所有人这些问题需要解决。他不停地抨击印度，表示每一个人一定都想离开这个国家，完全没有意识到自己正在侮辱房间里的其他人。

“你在胡扯，希瓦吉。”叔叔插嘴说。

很明显，爸爸对印度的了解只是来自于书本和他七十年前童年的记忆，他的话对他身边的人没有任何意义。他听不见也不愿意听别人说的话，一心只想谴责这个国家，滔滔不绝地陈述自己那些早已落后的知识和观点，不允许任何理性的回应，也不进行正常的人际互动，只是自己一味地发表长篇大论。我看着他，看着他抨击完一个问题又继续抨击下一个，觉得他自大又傲慢。

为了让自己保持理智，我开始计算他“演讲”的时间。最长的是九分钟，滔滔不绝不被打断，还是很让人难以置信的。他每天差不多要发表至少五次的长篇演说，上不封顶。有时候我想要缩短他演说的时长，就轻轻推推他或者给他一个眼神，然后他就会说：“我说的太多了。”之后我们会有短暂的安宁，直到他又开始滔滔不绝起来。

我看着叔叔注视着他的哥哥，想要跟他争论，告诉他他说的一切都荒唐至极，但他能看出来爸爸并没有在听他讲话。后来，每当爸爸开始“演讲”，叔叔就一言不发或者走开。他每次这么做时都会看看我，对我笑一笑表示理解我的心情，他的这个举动胜过千言万语。

面对爸爸的癫狂，我一直努力保持表面上的平静。深呼吸，冥想，写日记，训练自己的同情心……但最后我还是控制不住自己，我把爸爸带到一边冲他嚷嚷：

“别再说话了！看看你身边的人吧，上帝啊！你根本不听别人说话，你在他们的国家批判他们，太让人难堪了，你知道这样有多自大吗？他们生活在这里，爸爸，这是他们的国家！”

他像个小孩一样回答道：“好吧，我什么都不说了。”

随后他就安静地坐在沙发的一角，眼睛皱成一团，一言不发。

我又觉得内疚起来。我这么说是不是不对？我该怎么做呢？我是不是把自己的价值观强加在爸爸身上了？我这样做是不是害怕爸爸的消极会传染给我？我想要他为了我的理智而保持安静吗？还是为了保护其他人免受他的侮辱？

我和爸爸都是脆弱的，都容易担惊受怕。他不知不觉地触动了我内心对过去的恐惧。我意识到自己的愤怒是想要诉说些什么，但那个时候我不知道它究竟想要表达什么。

“对不起，爸爸，我不应该对你大吼大叫。”

“没关系，塔拉。”说完他又继续开始他的长篇大论，好像我给了他一张通行证一般。

“亚当出什么事了？”叔叔问道，我们正在去奶奶的老家菲利比特的路上。

我看了一眼爸爸，此刻我才知道没有人告诉叔叔亚当怎么了。

“亚当结束了自己的生命。”我轻声说，“他那阵子很忧郁，妈妈的死让他无法承受，而且在牛津他过得也不开心，我想他从印度回来后就开始不适应了。”

“不是那样的，塔拉，”爸爸反驳了我，“是牛津那些该死的院长。”

“爸爸，他死的那个星期学生顾问已经约他谈话了。”

“有什么用，他们之前怎么没有发现。没有人想为自己的行为负责，为什么亚当会这么做？为什么亚当从印度回来后要穿着假冒的印度衣服？”爸爸的话几乎是从愤怒和怨恨中挤出来的。

我想要大喊：“那你呢，爸爸？你是他父亲，你怎么什么都没有发现？”但我没有说出口，我不能这样对待他，我只是说了这样的话：

“你知道吗，发生了这么多事后，我明白了许多。当然我也希望他在我们身边，但是如果他没有死，我就不会是现在的我。”

“胡说八道，塔拉，别这么天真。”

我感到喉咙发紧，爸爸的话就像毒药，屠杀了我的希望，屠杀了我好不容易寻找到的生命的意义，好像他在力图将我心中的平静与理解撕成碎片。叔叔看到了我的痛，当他说话时，就好像是在诉说我的想法。他似乎本能地理解我，信任我，想要帮助我找回内心的平静。

我们在勒克瑙到阿格拉的火车上过了夜。我们想去看泰姬陵，但火车晚点了，到达泰姬陵时已经是正午，太阳毒辣地烤着地面。旅途、起伏的情绪波动和炙热向爸爸发起进攻，他开始变得虚弱，头晕目眩。我搀扶他坐下休息，想象着二十年前的亚当以及 1962 年的妈妈也坐在这个位置。

我伸手去搀扶他，他变得软弱无力。这次旅行对他来说是不是超出承受范围了？我扶着他站起来，慢慢地向泰姬陵走去，他的脸上扬起了笑容。

“你有没有后悔来这儿，爸爸？”

“没有，我很高兴……我知道了很多事。”他温柔地说。

“你还需要跟叔叔谈谈吗？”

“我还是觉得我的父亲把他留在印度是错误的，我不相信沙姆说的话，他跟我说话的时候腿都在抽搐。”

“沙姆叔叔已经说了他很想参军，他爱印度。”

最后，我们来到了浦那，沙姆叔叔和乌尔米拉婶婶住的地方，我在亚当拍的照片里见过他们的家。爸爸睡在亚当睡过的房间里，亚当在这个房间里留下了自己的日记，就是我现在带着的这本，几年前乔来印度旅游时乌尔米拉婶婶交给她的。

叔叔骑着摩托车带我兜风，我们在浦那的大街小巷里穿梭着，我一直忍不住地大笑，想起了亚当在印度街道上的经历：

印度的街道很奇特，可以看到各种各样的交通工具和动物，你永远不知道下一秒会发生什么。所有的东西都不管不顾地吵闹着，想要竭力证明自己的存在。每个人都兴奋地喊叫着，人力车疯狂地按着喇叭，还有自行车、摩托车，混乱地轰炸着你的听觉。嗅觉的经历就好像人生一样，前一秒还闻到明火或土灶里新烤出的咖喱香，下一秒就被污秽之物的恶臭熏到窒息。

亚当说得太对了：印度是在混乱中生存的。

叔叔向一个年轻的朋友介绍我："这是我的侄女，从澳大利亚来的。"

"你们看起来一点儿也不像。"那个年轻人评论说。

叔叔笑了："是呀，长得不像，但心里是一样的。"他把手放在胸口轻轻地拍了拍。

有一种情绪朝我扑面而来，二十年来的眼泪从我的眼睛里和心里涌出来。我认识叔叔只有短短的十天，但他却对我的一生产生了影响，有那么多次叔叔说出的话都正是我想说的。我们生长在不同的文化里，辈分也不一样，生活的轨迹也如此不同，但我们却有这么多的共鸣。我从来都不确定自己是否像妈妈，但我知道我跟爸爸的想法不一样，然而在叔叔身上，我看见了自己的影子。在他身上我找到了多年来我在爸爸那儿找不到的认同感。是命运让我们在此时走进彼此的生活，他触碰到了我的内心，我也触碰到了他的内心，我很确定这一点。

分别的日子还是来了，我们堵在了孟买混乱的街道上，就要迟到了。我开始担心爸爸会错过飞机，因为我们是不同的航班，他比我早八个小时。叔叔因为没有机票不能进入机场，所以我和爸爸冲向值机柜台时他就站在外面等着。

我慌乱地填着离境表："快点儿，先生，请快一点儿。"

此时我突然意识到爸爸还没有跟叔叔告别。我知道他们以后再也不会相见了，如果他们没有来得及告别，那么这整个旅程似乎就失去了意义。

我拖着爸爸走出值机柜台，他踉踉跄跄地跟在我身后，我听见他声音中的焦虑，他需要跟叔叔说再见。

我们在机场门口被保安拦下了。

"你们不能离开，女士。"

"什么意思？"

"一旦你们进了机场，出示了机票，就不能出去了。"

"但我爸爸需要跟他的弟弟说再见！"

我绝望地在门外的人群中寻找着叔叔，到处都是棕色的脸，我祈祷着他的出现。不能就这样结束了，我想。

似乎过了一个世纪，我看见了叔叔的笑容。在混乱的人群中，在旅客、门、手推车、行李和保安之中，兄弟俩拥抱在一起。七十年的感情全都汇聚在了两个老人的拥抱里。

我的任务完成了。我没有给爸爸带去我想要给他的平静。我开始明白我们无法寄希望于某个人或者某个地方。我要从自己的内心中找到平静，只有这样才能帮助爸爸找到属于他的安宁。同样的，叔叔也没能够让爸爸停止自责。但我直面了自己的恐惧，我知道我也帮助爸爸直面了他的恐惧，这就是最好的结局。

25

我坐在爸爸位于诺福克市的房子里。

“呃，塔拉……”

“怎么了，爸爸。”

“我要买双新鞋了，这些穿着都不舒服。”

“好的，爸爸。”

我看了一眼他的脚，鞋跟被他的脚后跟踩得皱成一团，我咬着嘴唇不让自己笑出声来。

“爸爸，你应该把脚后跟伸到鞋子里，而不是踩在鞋上。”

“啊，这样吗，我知道了。”

我看着他在房间里走来走去，客厅高高堆叠的书让他看起来更矮小了。他戴着一顶旧帽子，穿着乔送给他的那条拉风的工装裤。年轻时得的肺结核让他的脊椎变了形，现在他坐下来时身体总向一边倾斜。白花花的山羊胡和他的印度肤色似乎并不相称，但质地还是很顺滑柔软的。

“呃……对，对……”

他一边拿着牛奶走向洗衣机一边自言自语，在最后一刻才恍然大悟那里不是放牛奶的地方。

“啊，对，牛奶要放在冰箱里。”他喃喃地说道。

如果这个场景不是这么心酸的话，我可能会觉得好笑。我走进厨房开始洗碗，用力地擦着杯子边缘上厚厚的水垢，突然感觉到爸爸站在我身后。

“你在干什么，爸爸？”

“哦，我知道了……”

“你知道什么了，爸爸？”我问他，想要跟上他的思绪。

“我只是在看你怎么做。”

他专心致志地研究我的双手，看着它们擦杯子。

我觉得又好笑又难过。爸爸的行为跟他的病有多大关系，跟他一直以来的古怪性格又有多大关系呢？我不知道。去年他给我寄了一张生日贺卡，那本来是一张圣诞贺卡，爸爸把圣诞两个字划去，在那个位置上写了生日两个字。收到这张贺卡时我不由地笑了起来，很经典，这就是爸爸的作风。

他有自己的办法帮助自己与外界联系。不管去哪儿他都会带着一个记事本，提醒自己要给我打电话，以免忘记。他甚至把要问的问题都写在了记事本上：1. 最近过得怎么样？ 2. 工作怎么样？ 3. 公寓怎么样？

我们打电话时，对话是这样的：

“最近怎么样，塔拉？”

“我很好，爸爸。”

“你的……呃……那个……私人生活怎么样？”

“我还单身，爸爸，如果你想问的是这个的话。”

“哦，天哪……”

感谢你，爸爸，你让我觉得开心多了。

“你可以领养一个孩子，你知道吗？”

什么？究竟为什么会谈到这样的话题？

“没有那么简单，爸爸，不管怎么说，我很好。我的生活很美好，我在这儿过得很幸福。”

“是的，但你还是一个人。”

谢谢你提醒我，爸爸。

“我有很多好朋友在这儿，他们很照顾我。”

“哦，这不一样，塔拉。别人总是另有所图的，他们不是家人。”

“我的朋友就是我的家人，爸爸。”

“别傻了，塔拉，每个人都想从别人那里获得些什么。”

好吧，是时候换个话题了。

“我很幸运，爸爸。我的生活里有很多美好的东西，我喜欢我的工作，我……”

“哦，别太拼命地工作。”

行吧，再换一个。

“我前段时间跟朋友去了酒吧。”

“啊，你没有喝很多酒吧，塔拉？”

我几乎要原地爆炸了，好像我就不允许变得开心或者开朗似的。他永远都不会说：“很好，塔拉，做得好。”他要用他那种有毒的悲观镇压我所做的一切，我得到的一切，以及我觉得骄傲的一切。他的这种悲观和后悔对我来说就像一种无形的污染，就像火灾时的浓烟，一旦吸入肺里，就会慢慢演变成可怕的癌症。

我回想起他来澳大利亚时我们的对话。那天我们在卡塔丘塔欣赏漂亮的红岩石，那里的景色美到让人想要拥抱生命，是一种精神上的洗涤。这么多年来，我一直想跟爸爸谈谈，谈谈亚当的死。我希望我们这两个孤立的泡泡能在这次谈话中产生共鸣，哪怕只有一瞬间也好。

“爸爸，你知道亚当是自己想要这么做的。”

我感觉到他的身体突然绷紧了：“不可能，一定要有人为这件事负责。”

他的声音里透着压抑的怒火，我内心的平静也在此刻瓦解了。

“亚当选择这么做，这是他自己的决定。”

“别胡说了塔拉……那些人……”他的全身上下都在颤抖，让我有些害怕。

“哪些人？”

“那些被称为朋友的人，他们唯利是图，他们有自己的目的。”

我感到一阵恶心。

“爸爸，他们帮了我们。他们所有人，他们爱亚当，他们想要帮忙的。”

“别这么天真。”

爸爸好像在这片土地上扔下了一个化学炸弹，将周围所有的美好都化为灰烬。他怎么能错得这么离谱呢？他怎么能怪罪于那些帮助我们的人呢？他为什么总是这么生气？

我只能把这一切又重新藏起来，把它们都埋在心里。

跟汉娜相处的时间里，我们谈了很多关于爸爸的事。我跟他的关系是我还能控制，还能改变的。我知道我不能改变他，但我也许能改变自己对他的态度。我需要让自己发声，给自己一个机会排出注入体内的那癌症般的毒素。

当我准备好时，我给他写了一封信。

亲爱的爸爸：

我一直想要写这封信。我有很多想要跟你解释的东西，它们对我来说很重要，作为我的父亲，我希望你能理解。

首先我想要你知道的是我爱你，但我总是觉得我们没有理解对方，也无法理解对方。但爸爸，我最希望你能了解和尊重的是知道亚当的死对我来说有多么难接受。

我知道你的生活很艰难，你失去了很多，也遭遇了很多。我永远也无法真正明白你的生活是怎样的，也无法感同身受你的痛苦，就像你也无法理解我的痛苦和生活一样。但现在，我希望你能了解并尊重我失去的东西。

有时候我想要跟你解释作为一个青少年，亚当的死对当时的我来说意味着什么。你的反应是告诉我你的人生比这件事更让人痛苦，或者是告诉我我什么都不懂。这让我很难受，你似乎不理解我也在遭受痛苦。这就是为什么我想通过这封信来告诉你，那段日子对我来说意味着什么。

妈妈去世后，你进了医院，乔总是跟本待在一起，后来她又去了大学，只有我和亚当相互照顾。我们相互理解，相互尊重，他就是我的家，我也是他的家。后来他死了，这个世界上我最爱的人，这个在乎我的人，这个比任何人都了解我的人，这个在妈妈去世后填补了我内心空白的人。而这个人，选择结束自己的生命。

只剩我一个人，只有我一个人在空荡荡的房子里，我所爱的都离我而去，只剩下痛苦。

我只能靠想象来猜测妈妈和亚当的死对你的打击。

我只能很努力很努力地克服妈妈和亚当的死，还有你的病对我的打击。

对我来说，人生最大的成就就是成为一个普通人，一个快乐的人，一个对生活满意、能够帮助别人的人，我很自豪自己做到了。

爸爸，我只是想让你理解，当我跟你谈论过去的时候，其实只是想让你说“你真棒，塔拉，你战胜了所有的痛苦和悲伤，经过了这么多的后悔与害怕，你还是能够去爱别人，去帮助别人”。

我不想从你那里拿走什么，我只能靠想象去估摸你承受的痛苦，多么希望我能让你的痛苦减少一些，爸爸，我好想帮你分担一些悲伤和遗憾。我想我唯一能做的就是让你知道我爱你，让你知道我在澳大利亚真的过得很开心。

我清楚地记得在思考要不要待在澳大利亚时你对我说：“听从自己的心。”你说得对，爸爸，虽然我知道你是多么不舍得我离开。我很感谢你，感谢你帮我做了这一生最好的决定。这里就是我的家，在这里我觉得幸福，我能跟自己和平相处。

我不希望这封信让你感到伤心，爸爸，我希望它能让我们，作为父亲和女儿，能相互理解，因为我想念你，爸爸，我依然需要你的爱。

好好照顾自己，爸爸。很期待跟你和乔一起过圣诞节。

爱你的

塔拉

文字是我从汉娜那儿得到的最好的礼物。当事情变得混乱，让我理不清思绪时，文字就派上了用场。当口头表达无法传达我的想法时，特别是当情绪让我看不清自己的内心时，我就会写信，就像亚当那样：

我觉得自己又开始用我那有限的热情在写信了，书写让我变得平静。

我不知道自己会得到怎样的回复，但至少我说出了心里话。几周后，我收到了爸爸的信。

我亲爱的塔拉：

今天我收到了你的信，很高兴你写信给我。我会努力解释为什么在妈妈去世后我无法帮助你和亚当。我当然也爱你，为你感到骄傲，但当我生病在医院的时候，除了我自己的担忧和问题，我无法思考和感受其他任何事。

他们给我注射的镇静剂的确有效，但也让我的感觉和思想变得迟钝。也许这是我无法察觉并回应你，回应亚当和乔安娜的痛苦的原因之一。

还有一些别的事情我觉得可以解释我的行为。关于我的童年，我过去的经历，一些个人经历，或许你甚至是你这一代人都难以理解。

我不想为自己找借口，但我的确在一些事情上显得无知，比如如何学习，如何找工作，如何和女孩子交流约会，所有社交场合应该懂得的事对我来说都很困难。

我的脑子里净是一些愚蠢又可怕的念头，它们与我生活的世界没有任何关系。

我最幸运的事就是遇见你们的妈妈，并和她结了婚。也许对她来说这不是件好事，我不确定。如果我知道会发生现在这些事，我会对她，对你，对亚当和乔安娜都更好一些。

如果你有孩子，你就能理解孩子对于父母远比父母对于孩子重要得多，这是对的，也应该这样。

直到现在，70 岁了，我才理解我的童年，我的爸爸和妈妈在我的人生中扮演了怎样的角色。他们的生活很不幸，因为周围人的恶意，以及一些外部环境的原因，直到现在我才理解他们当时付出了什么。

我通过这封信来表达我的童年和性格上的缺陷，但木已成舟，我无法改变我是你的父亲，而你是我的女儿这个事实。

试着变得快乐起来，因为快乐真的很重要。一个人无法改变过去，但也不能让过去影响了现在和未来。

我们都有后悔的事，我后悔的是自己没能够，也终将无法告诉你，告诉乔安娜，告诉所有我在乎的人世界的美好，人类的美好以及生活的美好（虽然只有一丁点儿）。但我很高兴你觉得满足，很高兴你相信澳大利亚是你的家并且喜欢住在那里。希望圣诞节可以轻松和愉快。

人生就是要生活，要谋生，吃东西喝水，洗衣睡觉，然后期待着明天。

永远爱你

爸爸

我沉浸在爸爸的文字里，眼泪悄悄地流了下来。在这两页纸中，我认识到的他，比这一生都要多。

书信改变了我和爸爸的关系，通过书信，我才知道他了解的远比我想象的要多得多。当我们用书信交流时，我能听见他的内心世界，听见他的痛苦。从他的话语中我知道，他不觉得我不够优秀，是我自己觉得自己不够优秀。

我的反应，特别是自我怀疑，来源于我自己的伤口。通信让我们找到了一种口头表达无法做到的沟通方式，我开始理解我的父亲，也意识到他不应该为我的痛苦负责。他自己的痛苦已经无法承受了，我的痛苦是我自己的，而且只是我一个人的。

26

我们总是压抑自己的天性，这就是说谎，这种行为没有诚实可言。我们忘记了自己的使命，忘记生存的意义，忘记去探索，去质疑……我甚至都已经不知道自己的本能是什么了，也不知道自己真实的想法是什么……

我不停地问自己那些二十年前困扰亚当的问题：我的本性是什么？我的使命是什么？亚当的本性又是什么呢？它们一直萦绕在我的脑子里。

我喜欢理疗，但要“修好”每个人这件事却让我感到力不从心。我想要冒险，想要自由。我又想起在爱丁堡做的那个电脑测试，那么多年前它就已经告诉了我：消防员。

亚当从未觉得自己有机会选择自己的道路，而我有这个机会，我就应该用好它。于是我开始耐心地等待新南威尔士消防队发布招人的信息。

在这之前，我辞去了理疗师的工作，在新南威尔士消防队（现在叫新南威尔士消防救援队）职业培训学校报了名，战战兢兢地开启了消防员的新生活。我就这样进入了一个准军事化的世界，所有的教员和资深消防员都被称为“长官”，我们要穿戴得非常干净整齐：只要在室外就要戴帽子；头发不能扎进头盔里，要放下来，但又不能碰到衣领；在庭院里走动时要用左手拿工具箱。

我看着自己乱糟糟且又密又卷的头发，不知道该怎么处理它们。经过一番折腾，我发现唯一能符合标准的就是把头发盘在耳朵上，就像《星球大战》里的莱娅公主那样。

“消防员拉尔！”

我听见一声吼叫在学校的院子里回响，我们二十个新学员正站成一排等待报数。我的心沉了下来，这次我又怎么了？

“到，长官。”

“你的头发，拉尔。”

“哦，对不起，长官。”

我伸手摸了摸，有一束迷路的卷发放飞了自我，挂在头上荡来荡去，好像在耀武扬威地嘲笑我：“哈哈哈，你抓不到我。”

在培训学校的第三周，我们开始学习使用呼吸器。我们要戴着它在浓烟滚滚，几乎能把人烤焦的大楼里行走。我们的任务是在黑暗的迷宫里找到出口并营救出幸存者。我站在训练塔的外面，呼吸器和消防服的重量已经让我汗流浃背了，要知道消防服的设计原理就是防止体内热量的流失。自从小时候在威尔士去了洞穴探险后，我到现在还讨厌幽闭的空间。那一次我要在黑暗的洞穴里爬行，四周全是岩石，连转个身都很困难，但也有可能是那次我们用沙子掩埋亚当留下的后遗症。我为什么要选择这个职业？我心想，我到底在想些什么？

“消防员拉尔，该你了，进去吧！”

大门在我身后砰的一声关上了，眼前是一片漆黑，黑暗和高温几乎要把我撕得粉碎。很快我就迷失了方向，只能听见自己的呼吸声，在面罩里显得格外震耳欲聋。我胡乱摸索着寻找我的搭档，“永远不要与搭档走散”，我知道这一点。

我们摸索着想要找到一个出口，这个迷宫的各个方向似乎都被堵死了，就好像我们被困在了一个一立方米的箱子里。我竭力地控制住自己的恐慌，终于找到了一个出口。它就在膝盖的位置，我们趴下来匍匐前进，朝着一个未知的方向爬去，空气罐跟通道碰撞着发出丁零当啷的响声。

我们要做左手搜救训练，就是说我们要一直触摸左边的墙壁，同时在脑子里记录行进的路线。当我们要返回出口的时候，只要转个身，确保刚才摸着的墙在我们右边就行了，这样我们才不会迷路，就这么简单。但在黑暗中，如果你碰巧找不到左边的墙或者找不到你的搭档，你就会失去方向感，就会迷路。有那么一瞬间，我和我的搭档失去了联系。

我迷路了，深呼吸，我告诉自己，深呼吸。

“你还在这个该死的迷宫里，消防员拉尔。”

“对不起，长官。”

我在面具里喘着粗气，大口大口地吸着空气罐里的压缩空气。

“如果你不能从这里走出来，你要怎么从大火里走出来？恭喜你，你刚刚害死了自己，害死了你的同伴还有幸存者。”

热浪将我团团围住，全身每一个毛孔都在流汗。我感觉自己缩成了一团，就像小时候那样。站直了，我告诉自己，然后一点一点地从迷宫里走了出来。

一个小火苗就能产生大量的浓烟，一个着火的垃圾桶产生的烟能填满好几个房间。在火灾中丧生的主要原因是烟，而不是火本身。在黑暗中人们会迷失方向，随后便开始恐慌，因此，在被有毒的烟雾侵袭之前，人们的意志就已经变得薄弱了。

我脱掉制服，把靴子里的汗倒出来，然后回了家。刚走进公寓，自我怀疑就如潮水般向我涌来。这次失败的训练证实了我的观点：我不像别人认为的那样坚强，我确实不够优秀。我征服了很多座高山，完成了马拉松，在飞机上跳过伞，获得了多个学位，赢了好几次冲浪赛艇比赛。我不顾一切地想要寻找自己的价值，让自己变得肌肉发达，但自我怀疑还是击垮了我，它无情地将我吞没了。直到后来我才明白成就和金牌都无法实现自我价值，它来自于我的内心，而我可能要用一生的时间去寻找它。

那天晚上一个好朋友一直在开导我。第二天早晨，姗姗来迟的决心将我叫醒——我能做到，我想，我想要对我的恐惧做一个胜利的手势。

我把自己拽回到学校，再一次冲进那个闷热的小黑屋里，重新回到让人迷失方向的黑暗和窒息的热浪中。我四处搜寻等待救援的人，这一次，搭档和我找到了幸存者，一个重七十五公斤的假人模型，我们连拖带拽地把它带出了迷宫。

这一刻有什么东西在我心里发生了变化，自我怀疑依然存在，但我意识到如果我能战胜身体上的恐惧，也许也可以用类似的方法战胜精神上的恐惧。也许最大的挑战正是上天给我的最好的礼物，因为它们给了我机会，让我成长和发现。

完成培训后，我被分配到悉尼总局，这是新南威尔士最大最忙的消防局。刚进门，喇叭就响了起来。

“你在飞行队。”另一个消防员冲我喊道。

“飞行一队，飞毛腿一队，自动报警器。”喇叭里传出一阵刺耳的声音，事实上更像是汽笛声，最后终于停止了。

“跟我来，”那个消防员对我说，“我叫斯蒂克。”

我还没有缓过神来，已经坐在了消防车里，在悉尼市中心的乔治大街上飞驰着。警笛长鸣，警灯闪烁，堵车高峰期的车海让出了一条通道。

“拿上高楼救援设备跟着我。”斯蒂克指挥道。

我照做了，抓起高楼救援设备（它被我们亲切地称为山羊包），戴上呼吸器跳下了车。巧的是我正好是山羊座，接下来的几年又提着这个二十公斤重装着一根橡皮管和一堆工具的包爬了无数层楼梯，拿山羊包是新手干的活。最后我们发现，这是虚假警报，有个建筑工人锯木头时扬起的粉尘触发了报警器。

“这样的事时有发生。”斯蒂克对我说。

于是，我开始了消防员生涯。从大家教我怎么做，引导我，帮助我开始。

在我早期的职业生涯中，有一天晚上我在睡梦中被消防局的喇叭声吵醒，我急忙抓起制服，穿上衬衫裤子和靴子，系好皮带，然后跑到走廊上从最近的杆子上滑了下去。就在下滑的那一刻，我模模糊糊地觉得有什么不对劲，总有哪儿怪怪的。

脚刚着地，我就朝着引擎室方向跑去，这时候同事们也出来了。

我还是觉得有什么地方不对，于是我转过头看了看自己的身后，发现我那张大号的黄色床单好像火车似的夹在裤子上被一路拖到了这里。我开始疯狂地把它卷起来，而我的消防员战友们则在旁边笑得前俯后仰。

“嘿，莱纳斯，带着你的毯子来救火啦？”

“你好呀，蝙蝠侠，这是你的降落伞吗？”

我也忍不住笑了起来，我称呼这一刻为我的“BJ单身日记”时刻，这就是关于消防局的事。我总是笑，生活也变得多姿多彩，消防员之间的真诚让人振奋又充实。大概一年后，我成了一名应急消防员，穿梭在不同的消防局之间。我很努力地工作，想要得到大家的尊敬。为了证明自己有实力，我总是压抑住自己的女性特质。有一天一个同事要跟我掰手腕，我当然是拒绝的，我知道他不费吹灰之力就能打败我。但他一直坚持要比试比试，最后我还是屈服了，安慰自己说反正我也没有什么好怕的。男孩们都围了上来，我们两个人面对面地坐在餐厅里，然后手肘放在桌子上，手掌紧紧地握着。

“准备好要开始了，别紧张……开始！”

一开始我们不分上下，我以为他在戏弄我，但我慢慢地使出全身的力气，把他的手按倒在了桌子上。男孩们惊讶地欢呼了起来，我的对手诺米，一脸迷茫，坚称是我们的手臂放的位置不对。

“三局两胜。”他说。

“好的。”我回答，慢慢地有了自信。

我又打败了他两次，每次都会跟他道歉。

“对不起，但这是你要求的。”

男孩们笑着跑来跑去，相互击掌，嘲笑着可怜的诺米。

“被比你大10岁的妞儿打败感觉怎么样？”

“是不是没有吃饭呀，诺米？”

我只是暗自庆幸输的不是我。从那天起，诺米的传奇经历就传开了，不管他到哪儿都会有人问：“你不就是那个掰手腕被女孩儿打败的哥们儿吗？”

我笑了，我努力了这么久想要获得的尊重，最后却靠掰手腕得到了。回想起以前不小心把卧室的门把手扳下来时妈妈摇着头看着我说：“你都不了解自己的力气，塔拉。”我很感谢亚当总是让我和他的朋友掰手腕。

也许我这么描述我的工作有些诡异，但消防员这个工作让我重新开始笑了，也重新学会放松了。我和同事们产生了一种联系，我们相互尊重，相互照顾，一种简单又纯粹的，不分性别的友好关系。当你走进着火的大厦时，你知道自己要完全信任与你并肩作战的这些人。如果我的伙伴们让我为难，我知道他们是因为在乎我才会这样。他们就像是我的家人一样，我们一起吃饭，一起做饭，在凌晨3点困得不行的时候看见过对方最糟糕的样子。当我们走进火海时，大家保护着彼此，这样的联系胜过一切。我想起了远在印度的叔叔，当他说起和战友们在战场上并肩作战时的那种感受，以及眼睛里的泪水。

我失去了一半的家人，但现在我又有了一个新家，一个珍贵的家庭。

27

自杀事件，达令赫斯特，悉尼，2009

我拿着橡皮管站在事故现场冲刷着地上的血迹，不知不觉地弯下身捡起了那副眼镜。我把它拿在手里，抬起头来向楼上看去，仿佛看见亚当爬上了他的窗户。我看见他垂直落下，头着地，同时感受到了那种难以忍受的疼痛。他坠落地面时，我的身体里也有撞击的感觉。

我看着深红色的血水慢慢地流进下水道，滴滴答答的，把亚当的生命也冲走了，并冲走了他在世上留下的痕迹。我控制住不让自己吐出来，迅速地结束工作爬回了车里。

“你为什么那么做？”同事问道，“一定经历了糟糕的事吧。”

我盯着窗外默不作声，如果开口说话，我就会吐出来。

我没事，我要坚强。

妈妈的话在我耳边响起：塔拉需要你。

没关系的，我不需要任何人，我告诉自己。

救火服就像一堵墙一样，将那个情绪化的我与大家眼中坚强自信的女消防员隔离开来。

我们回到消防局后，我把自己锁在了洞穴里，开始哭泣。

突然响起了一阵敲门声，队里的一个男孩带着纸巾和巧克力走了进来。他坐在我身边，于是我跟他述说了我的故事。我开始愿意让队友们看见真实的我，带着缺陷的完整的我。让我没有预料到的是，他们给了我安慰，给了我很多很多的温暖。

长期以来，我一直努力地想要把自己脆弱的一面藏起来，我觉得这是我的缺点，但现在我发现，以一种诚实的方式展露情绪是与他人建立联系的根基。这种关系纽带源于暴露自己的脆弱，而不是隐藏它。终于我发现脆弱不是缺点，而是一种力量。

那天下午的事故一直缠绕着我，回家后我还是能感觉到不安，感受到深深的悲伤。我去了海边，静静地看着大海，悲伤笼罩着我，厚重又令人窒息，让人寻不着出路。我想要逃脱，却不知道该怎么做。今天是亚当的生日，我发现自己正无意识地给他写着信。

2009 年 9 月 16 日

亲爱的亚当：

如果你还在的话，今天应该刚满 41 岁。我是多么希望能跟你一起度过这个日子，一起喝喝酒，烤些吐司，一起跑步或者打网球，甚至像以前那样相互让对方讨厌都好。你还记得我们的那个游戏吗？我们会站在对方的肩上，用力抓着门檐，下面的那个人就在客厅里来来回回地跑，直到挂在门檐上的人撑不住了才又回到原来的位置接他下来。你还记得你踢了门后在家一瘸一拐了好几个星期吗？

你总是保护我，照顾我，我喜欢这样。现在的我与二十一年前你去世时一样难过，这种悲伤从未消失，我只能带着这些记忆前行，想象着你现在会成为怎样的人。你是不是应该结婚了？有了孩子？又在做什么工作？住在哪里？我相信如果你还在，现在的生活一定很美好，你也一定是乐于助人的。你一定会尽心尽力地帮助他人，并改变他们的生活。即使现在你已经不在了，却依然这么做着，我希望你能知道这一点。昨天我收到了一位多年不见的老同学的邮件，他想要把你的名字加进特拉法加广场的艺术项目里，让大家来悼念。我拒绝了，我觉得你不想这样，对吗？你想要在特拉法加广场上被世人记住吗？我觉得你不想，但也许是我的自私让我拒绝了他。对我来说，你是我的，我们所分享的一切只属于我们。你不只是一个名字，你是我的哥哥，只有我知道你为什么要这么做，至少我懂你的感受，这就是我坚信不疑地觉得自己跟你是最亲密的原因。而现在这份亲密却不见了，我苦苦求索却终究无法得到。

我想我正在你去世后保护着你，就像你活着时保护着我那样，强烈而又温柔。

为你欢呼，我的好哥哥，祝你41岁生日快乐。我爱你，一如既往。

你的大妹妹

悲伤是不会有干净利落的了断的。不像伤口，愈合后能长上新的肌肤，又变得完好如初。悲伤是有韵律的，当其他事物吸引了你的注意时，它就会减弱，但终究还会出现。它就像一座连绵起伏的大山，你一直攀登着，却总也攀不到顶峰。

28

“你不会又要开始当知心大姐姐了吧，大熊？”我们坐在餐厅里，波弟听见我与大盖兹谈话的结尾，调皮地翻了个白眼，我笑了起来。我一直觉得自己很擅长这件事——帮助同事们解决情感问题，当然可笑的是我自己在消防局这么多年来一直是单身。

“你与人好像隔着一堵墙，塔儿，有一堵墙包围着你！”大盖兹评论道。

“只是为了防止你们入侵而已。”我笑着回答。

我从不选择男人，而是让他们选择我，因为这样就不会出现被拒绝的情况。在墙里待着让我觉得安全，如果我不让任何人接近，就不用承担失去他们的风险。不幸的是，总是有人能找到这堵墙的断裂层，一旦断裂层瓦解了，整堵墙都会坍塌。

正如我说的那样，我已经单身好久了。我觉得一个人独居很快乐，我又开始想着亚当的日记，觉得可以写一本书。直觉告诉我现阶段我不适合与任何人约会，但我的朋友总是会帮我留意适合我的人。如果他们遇上了他们觉得合适的，就会不管不顾地把我推销出去。

罗伯在一次冲浪艇嘉年华上看见了我，想要认识我。我当然不知道他是谁，我心中的那堵墙似乎有意无意地阻止我“看见”谁。我的朋友在一个热闹的酒吧里安排了一次见面，让我可以先偷偷地看他一眼。罗伯很高，皮肤白皙，头发是灰褐色的，眼睛是棕色的，而且有些小，两只眼睛的距离好像也有点儿太近了。他的皮肤很粗糙，典型的橄榄球运动员的脸，感觉脸上受过好几次伤，右边的脸上有个可爱的酒窝。他的长相没有很惊艳，但不难看。我不确定他和我谁更紧张，我总是习惯性地不愿意表露出对男性的喜爱，因为在潜意识里我觉得自己不值得他们的注意，也担心他们会拒绝我。

最终，在朋友善意的劝说下，我鼓起勇气走向了他。他腼腆地冲着我微笑。

“你的紧张跟我的是一样的吗？”他缓解了尴尬的气氛。

他从我们共同的朋友那儿要了我的电话号码，我们相约一起喝咖啡。他看上去是个不错的男人，很快我们就开始打电话聊天，直到有一天他约我出去吃晚餐。我没有意识到那天是情人节，也没有感到任何的压力。他来我家接我，害羞地给了我一盒心形巧克力，我的脸唰地一下红了。

“谢谢。”

“我知道库吉有家餐厅还不错。”

我松了一口气，我知道那家餐厅，并不正式，可以自带酒水，还能俯瞰大海，是我喜欢的餐厅，因为不那么花哨。

他为我打开了副驾驶座的车门。他开一辆闪亮又崭新的蓝色霍顿SV系列卡车，这是一种改装的卡车，看起来很棒，但其实不太实用。它比我那辆年久失修的老爷丰田花冠漂亮多了，更别说比我的车大了近两倍。如我所料，我们到餐厅时里面已经坐满了情侣。我感到有些紧张，但当我们面对面坐着交谈时，我的焦虑就渐渐消失了。他告诉我他是一名职业橄榄球运动员，我们谈了运动心理学，我对他有一点儿喜欢。他看起来对自己的成就很谦虚，就好像他没有资格得到它们一样。当他说自己只作为替补进过甲级队时看起来很惭愧，我对他是一名运动员这件事感到惊讶。我小时候的梦想就是当运动员，还想象了自己获得奥运会金牌的场景，虽然也不知道是哪个项目。

我看着他，觉得他的害羞很惹人喜欢。时间消失了，当我再次抬起头，发现所有人都已经离开了。

他送我回家时，我不知道该做些什么。他送我到门口后，气氛越来越尴尬。

“你知道如果你想要吻我的话你可以这么做。”我害羞地说，这一举动出乎了我的意料。

“呃……”他的身体微微前倾，在我的嘴唇上“种”下了一个害羞的吻。我们冲着对方微笑，不知道接下来该做什么或说什么。在他走之前，我们约好不着急下定论。

躺在床上时他给我发来了一条短信。

“谢谢你陪我度过这样愉快的夜晚。”

我笑着睡着了。

从那天起，他每天都会给我发短信，告诉我我有多美，告诉我能认识我是多么的幸运，说他配不上我这样特别的人。我不能理解，因为他才是那个在运动生涯战功显赫的人，而且还有一个幸福的家庭，生意也做得很好。我不觉得自己有什么特别，但久而久之，他的信息让我觉得自己很特别。每天早上我都期待手机响。

渐渐地，他的话就像毒品一般，说得越多我越想听。他没有让我失望，短信从未停止，每天早上都有诗意的情话迎接我起床。

“跟你在一起时，时钟都停摆了，万物都失去了意义，你就是我的全世界。”

我们只约会过几次，但我们都参加了划船比赛。我依然投身于消防事业，但每周会抽两天去理疗所工作。他在镇子上开了一家咖啡馆，所以我们不经常见面。他住在北边，而我住在南边，所以我们总是打电话，他会给我发很多很多短信。他有个让人讨厌的习惯，总是在短信里问我一些重要的问题。有一次我在消防队的健身房里，他发短信问我介不介意他比我小。我觉得这是个奇怪的问题，尤其是通过短信来问，毕竟我只比他大几岁而已。我开玩笑地回复他说，他才应该是那个介意的人。然后他又问我我们是不是应该缓一缓，先做朋友，等澳大利亚冲浪救援大赛结束后再继续，这样我就能专心比赛。不用，我回答。我很困惑，不知道他想表达什么。他不停地告诉我我对他有多重要，但为什么他会想要缓一缓呢?

男人总是会喜欢我，因为他们看见了我的坚强。但当他们看到我敏感脆弱的一面时，就不会再喜欢我了，至少我是这么认为的。于是我警告他：“你还不了解我。”他开玩笑说自己借了一把大铁锤来砸开我的围墙，我觉得也许他需要更强大的工具。

六周后我们开始睡在一起，但其实只约了几次会，并没有交往很久。第二天早上上班时我感觉到口袋里的手机震动了一下。

“你是我此生的挚爱，我只想要和你在一起。我可以跟你保证我会永远在你身边，我想要跟你共度此生。”

我笑着读完这条信息，盲目地忽略了我们其实才刚认识不久这个事实。罗伯的话给了我一切我所渴求的东西，就好像给了一个瘾君子海洛因一般。我的围墙开始崩塌了，就像亚当说的那样：

> 为什么当我开始喜欢一个女孩时，我就会想要抓着她不放，把心都掏给她……我很懊恼自己要用这样掏心掏肺的方式爱着莎拉，可这怎么可能呢？我跟这个女孩在一起，大概只有十天，我究竟有什么毛病？我相信那不是我的真心。

罗伯的话语点燃了我心中对童话故事的向往，让我觉得我可以遇见一个男人，可以跟他相爱，然后组成家庭。我的围墙倒塌后，我开始感到不安，我不停地告诉罗伯如果他看见真正的我，就不会爱我了。他继续用他的抚慰和爱沐浴着我，让我暂时有了安全感。但在不知不觉中，他的话让他自己变得不安起来。

“在你的怀里是这么的安全，任何可能伤害到我的东西都无法接近。你已经钻进了我的内心，一定要温柔地对它。”

我不停地想要让他安心，就像他对我那样，但似乎永远不够，他的信息里总是带着需求。

“越是见你、了解你，一个人的时候就越空虚，我不需要任何东西，只要你。”

我回复着他的信息，不顾一切地想要填补他的空虚，却没有注意到危险的到来，我只是看见有个人需要我，让我觉得我不是一无是处的。我救不了亚当，但我可以救罗伯。我想要抚慰他，想要钻到他的心里带走他的痛苦。这样我才能证明自己的爱，证明自己的价值。我觉得这就是爱，为此，我无视了内心的不安感，因为我的童话故事近在咫尺，我得到了一直想要得到的东西。

终于，当我觉得足够安全的时候，我告诉了罗伯我的家庭情况和我对失去的恐惧。我想要以诚相待，让他看见真正的我。我向他展示了我的脆弱，我在他面前哭了，他像我安慰他那样安慰我，把我搂在怀里，让我觉得安全，并带走了我的伤痛。

“宝贝，我的心永远不会变，我绝不会离开你的，我发誓我要跟你在一起直到永远。”

我觉得我得到了妈妈去世后一直想要得到的东西，这让我觉得温暖又安全。

两天后罗伯一脸焦虑地来到我家，我突然感觉自己跟他有距离感。

“怎么了，亲爱的？”我问。

“我不能这样对你，我不能再次让你承受失去一个人的痛苦，我想我们还是分手吧。”

“什么？”犹如晴天霹雳一般，“我不明白。”我开始哭泣，这种感觉就像被拳王阿里打了致命的一拳。我慢慢地吸气，呼气，抑制住自己内心喷涌而出的悲伤。

“如果你想要这样的话，我也无能为力。”我平静地说。

他打算转身离开，又犹豫了。我们就这样站着，在恐惧和爱中徘徊不定，就像站在山脊上，不知道该往左还是往右。

“别走。”

我不由自主地说出了这句话，他从门口转过身，我们相互向对方伸出手，再一次沉浸在舒适和安全感之中，赶走了彼此的痛苦。恐惧和爱像双胞胎一样让我们感到迷惑，它们不停地偷偷交换身份，让我分不清谁是谁，也许是恐惧吞噬了爱。

罗伯说他的行为破坏了我们的关系，辜负了我的信任。我告诉他我不在乎，但我的本能反应却告诉我，我在乎。

我相信，一个人的本能反应才代表了真正的他。我们总是压抑自己的天性，这就是说谎。

情绪遮蔽了我的本能反应，而恐惧扼杀了它。在我看来要承认他的背叛，接受他的转身，意味着要面对我最害怕的事——失去我爱的人。所以，我向罗伯展示了我的爱与原谅。

那次他带我在城里的酒店度过了一个浪漫的周末。我们去了环形码头吃晚餐，眺望歌剧院，手牵手在乔治大街上散步。这是一个美好的夜晚，直到一辆消防车朝我们驶来。我跟他们挥了挥手，车里的一个同事探出头来冲我喊。

“嘿，那个本尼还在纠缠你吗？”

我笑了笑，摇了摇头。车开走后，气氛突然变得微妙起来。

“那是谁？”他问。

“就是我以前一起工作的同事。”

“他们为什么那么说？本尼是谁？”

“我不知道，他们开玩笑而已。别担心，我想他们说的是我以前一起工作的一个同事。”

“你跟他怎么了？”

“什么也没有，我真的不知道他们说的是谁。”我的语气里带着防御。“我从没有跟他们中的任何人出去过，也没有对他们有过任何想法，我跟他们什么关系都没有。”我补充道，“他们可能只是想耍一耍那个男人吧，他们总喜欢这样。”

我们回到酒店，但我感觉有一种阴霾笼罩着房间，正是亚当在印度提起的那种阴霾。

第二天上班时罗伯给我发了条信息。

“跟我保证你跟那个同事没有任何关系，将来也不会有任何关系，这件事一直在我的脑子里挥之不去。我被一种没有理由的嫉妒包围了，它让我无法诚实地面对自己。我的灵魂已经不是我的了，就像一个牵线木偶……”

但不管我怎么解释，他似乎都不满意。于是我们开始谈论起最后一个跟我一起出去的男人，我跟他分手四年了，但我们还是朋友。

“你为什么还会见他？”

“因为他是我的朋友。”

“所以说你对他还有感觉？”

“没有。”

“那么，为什么你们还是朋友？”罗伯的语气变了，在他的声音里我感觉不到爱意。

“我们只是会一起出去玩儿而已，有人一起吃晚饭会不那么孤单。”

“所以说你喜欢跟他待在一起？”

“是的，我想我喜欢。”说这句话时我有一种犯罪感。

“所以你一定对他还有感觉？”突然他的声音变得冷冰冰的。

“是的，我还在乎他，但我不爱他。”为什么我有种做错事的感觉？

“你刚刚还说你对他没有感觉。”

我开始抓狂，感觉自己被逼到了一个角落。

“他是我的朋友，我在乎我的朋友。自从四年前分手后我跟他再也没有发生过任何事。”这是实话。

“那么为什么那个男人要给你送礼物？”

“我不知道……也许因为他想送。”

“很明显他还爱着你，你不应该收下他的礼物。”

我看着罗伯，无法理解这件事为什么这么重要，也不知道我为什么要为自己辩护。

“也许是内疚吧，因为我伤害了他。”

“所以，这不是友情，对吧？”

“呃……不是，我想可能不是。”现在连我自己都开始困惑了。也许我做了错误的事，我无法判断现在在我身体里游走的究竟是一种怎样的情绪。我想要不顾一切地离开这个冰冷的地方，它好像正在荼毒我内心的温热。我想从这块坚冰中走出来，我身上的每个细胞都在呐喊着要离开。此时我想起亚当的日记：

我知道我应该坦率地表达自己的真实想法，但就在对峙的最后一刻，伴随已久的自我怀疑让它变得不自然，更降低了它的可信度。

我为什么不能把所有的想法都告诉莎拉呢？告诉她我真实的想法？原因就是我不爱她这个人，而是爱着一个概念。这与我的性格相违背，与我心里那些自负的需求相违背。

“我要走了。”我轻声说，试图打破这样的僵局。我不知道自己为什么要这么说，我明明想要重获他的爱。

罗伯没有阻止我，我哭了起来。我的眼泪融化了他的心，赶走了他的愤怒和冷漠。他开始安慰我，我又重新依偎在短暂的破镜重圆之中，沉浸在我一直渴求的温暖与亲密之中。我劝说罗伯跟我一起去见情感顾问，听了我的背景故事后，顾问建议我一个人继续接下来的咨询。罗伯过去的经历没有什么问题，因为他出生于一个幸福的家庭。我知道我的家庭生活坎坷，但我咨询的是我跟罗伯之间的关系，而不是我这个人。我忘记了之前跟安东尼在一起时心理医生曾跟我说过一模一样的话。

在认识罗伯之前，我就订好了回英国一个月的行程。时间将近，我觉得他又开始变得疏远了。他不再总是吻我，我们也很少一起过夜。每天早上他也不再给我发信息了。这只是些小事，对吗？这些小事让我的旧伤复发，它慢慢地发炎，将不安感重新植入我的身体。杀死妈妈的恶性肿瘤又一次转移进了我的生活，不知不觉地让病症在我岌岌可危的恋爱关系中复发。

“你对我的感觉有没有变？”一天晚上我试着问他，想要在回英国前吃一颗定心丸。

“我不知道你为什么要这么说。”罗伯说。他听起来很冷漠，毫不在意我的感受，我开始觉得恶心。

罗伯正不知不觉地在我的“心火”上加柴添油。我的直觉是对的，现在罗伯更了解我了，也就不喜欢我了。这是直觉吗？还是恐惧伪装成的直觉？我的“心火”熊熊燃烧着，在我的身体里肆意喷溅着小火星，传播着迷茫与忧虑。本来无关紧要的小火苗毫无预兆地变成了森林大火，而罗伯没有给予任何救火的水，他只是任其燃烧。我开始哭泣，又一次地想要得到安慰。但这次罗伯连碰也没有碰我，他像冰山一样，转过身背对着我。我感到窒息，胸口火辣辣地疼。

森林大火会造成毁灭性的伤害。它们能摧毁家庭与生命，只留下一片灰黑色的废墟。而我的这团火烧尽了我的身体，将理性思考烧成灰烬。我就这样在黑暗中，躺在一个我爱的男人身边，被令人窒息的孤独感吞噬殆尽。我无法清晰地思考，只有恐慌陪伴着我。

我越是渴求安慰和同情，他就离我越远。我无法解释自己的行为，因为连我自己都无法理解。就像所有的火灾一样，浓烟会影响视线。我带着复杂的情绪回了英国，不安感像瀑布一般奔流而来，我感觉他越来越远，远到我无法抓住，就像妈妈的棺材一样……

我再也没有收到关于永恒的爱的短信，手机里的罗伯很冷淡。我越是想要追上他，他就越是加快脚步。我又开始觉得被困在了一个箱子里，这种感觉就像亚当去世时那样，我的喉咙里好像有一个肿块，胸口像堵着一块大石头。我开始吃药、写作、深呼吸，用尽一切方式想要找回一丝安宁，但终究摆脱不了这鬼魅般的恐惧。

四周后我回来了。那是一个周二晚上，我祈祷一下飞机就能融化在罗伯的怀抱里，然后我所有的疑虑都能烟消云散。看见他时我高兴地笑了，他拥抱了我，我抱着他，依偎在他怀里，希望他能吻我。然而他没有，他说自己很累。

“当然，亲爱的，我理解，去睡觉吧。”

现在是晚上 9 点，我努力隐藏好自己的失望，又一次睁着眼睛躺着，被一种似曾相识的恐惧包围着。

第二天早上罗伯很早就起床去上班了，临走前他亲了亲我的额头。那一天我心不在焉地工作着，在屋顶上爬来爬去，修复暴风雨后的房屋，一种不祥的预感笼罩着我，好像我头顶的乌云一般。我不能去找罗伯，不能让他看到我支离破碎的心，于是我告诉他我在倒时差。我转而向最好的朋友求助，依偎在她温暖的臂膀下，哆嗦着，抽泣着。我的身体变得像跟舅妈在医院时一样，二十一年后，这种悲伤感丝毫未减，还如海啸般澎湃着。

海啸过后是撕心裂肺的痛苦。我想要重新与外界获得联系，想要戳破这个泡泡，于是我开始写信。我给罗伯写了一封很长的信，就像写给爸爸的那封一样。正如亚当所说：

> 我试着把自己的感受写下来，希望你能接受，因为它们一说出来意思就变了，虽然也许这样会让你难受……

我把信放在他的公寓，但他没有给出任何回应。我去他家，想要跟他谈谈，他不想交谈。我绝望地想要把他从关上的心门中拉出来，就像想要把爸爸从悲伤中拉出来一样。我越是想在情感上靠近他，他就越是从情感上远离我。他越走越远，直到退回到自己的安全区，然后用坚冰封锁了大门。他甚至开始躲避我，我试着安排与他见面，但他总是找一些理由拒绝我。

终于，他接了我的电话，没到几分钟，他突然脱口而出：“我太忙了没有时间交女朋友。”

“什么？”我愣住了，“你在跟我分手吗？”

“我只是太忙了，没空谈恋爱。”

就是这样，我们短暂的恋爱走到了尽头，因为他“太忙了”。

你的承诺呢？你说好的永远的爱呢？你发誓说永远不会离开我呢？我在心里不停地控诉着。

我找不到答案，我的精神支柱不见了，他拒绝了我的爱。我们只相处了六个月，但失去的感觉却如此强烈，好像有一把烫红的匕首在我的胸前插了好几刀，我躺在血泊里抽搐呻吟。它将我抛进一条漆黑寂静的缝，就跟亚当去世后淹没我的流沙一样，我几乎无法区分这两者。我问自己，为什么这么短暂的关系却能引发这么剧烈的疼痛，是不是我自己有什么问题？

失去罗伯就好像失去亚当一般，他们都深深地扎根在我的脑海里，我的心里。他们都离我而去，为什么他们要离开我？他们说会永远爱我却都离开了。他们为什么要这样对我？是我的爱还不够，是我还不够完美？我发现失去了他们的爱，我什么也不是。

随后是怒火，我不喜欢生气，我讨厌生气，我害怕它，也总是逃避它，但现在我想对着罗伯怒吼，斥责他承诺会永远在我身边却没有做到。我想要斥责那个老妇人为什么要侮辱亚当，我想要斥责亚当的前女友为什么要伤害他……为什么爸爸不在这儿，为什么乔要伤害亚当的感情，为什么在妈妈去世后她不在我们身边。我想要对着他们咆哮，想要像个孩子一样不停地跺脚。

我又回到了原点，孤单一人。

“这不公平！你要爱我！爱我！如果你爱过我，你就该在这儿……”谁？谁该在这儿？我恨你但又渴求你的爱，我的愤怒反映出了亚当的内心：

> 有一天我很生气，这种讨人厌的怒火让我用一种鄙夷的眼光看着这个世界。我憎恨一切事物，憎恨这些虚伪的人，最糟糕的是，这种愤怒没有出口。我发现自己皱着眉头从这里一直到汉普斯特德。（天哪，这可以是一本书名，《从这里到汉普斯特德》，朝圣者通往天堂的指南。）我都不知道为什么要这么生气，我嘲笑自己说可能是因为莎拉，但又耸耸肩说，不，该死的，不是因为她，我只是崩溃了，彻底地崩溃了。

几个月后我觉得是时候翻篇了，于是我开始见新的心理医生，我们一起深挖我的内心。这很困难，我总是碰到岩石，每挖一寸就会找到一些旧的伤口。我还挖到了一些让人害怕的骷髅，我都不知道它们在那儿，也不知道它们为什么会在那儿，更不知道它们被埋得有多深。

在挖掘的过程中，我的恐慌又回来了，恐惧也重新包围了我，无意识的自我又一次处在危难之中。我不知道这些裂口中也会有猛兽，我以为它们只是一些死气沉沉的浮冰而已，偶尔发出嘎吱嘎吱的声响，有时候又会隆隆地呻吟着。但没想到猛禽也可以飞进这些裂缝里，它们扑向我，向我示威，它们感知到了我的脆弱，还闻到了血腥味。它们啄开我的胸口，留我一个人躺在深不见底的谷底，血从我的心里和头上流出，我躺在那儿奄奄一息，一动也不动。

有一天晚上我躺在床上，被无尽的绝望包围着。我开始撕心裂肺地哭了起来，痛苦地哀号着。突然有一个看不见的东西扫过我的身体，我跳出这个至暗时刻，脑子里出现了一个无比清晰的念头，它改变了我的人生："这只是原来的旧伤，塔儿。"我觉得这句话只是在我的脑子里，但它却随着毛细血管的运动流进了我的心里。这一觉醒像是对多年来所有伤痛的补偿，也像是一个恩赐。这是旧伤，不是新伤。意识到这一点后，我找到了离开过去的道路。

29

我开始收集工具，收集一切能帮助我爬出这个困了我多年的裂缝的东西。心理治疗是我的冰斧，帮助我站稳脚跟，而朋友则是我的救生索。我因为简单的东西而快乐，以各种方式照顾自己——写日记，练瑜伽及冥想，吃有营养的东西，做运动……为向上爬储存体力。

我向恐惧走去，积极地寻找它，想要面对它。对我来说，这就像上音乐课一样。我可以在着火的大楼里奔跑，可以从飞机上往下跳，可以在狂风暴雨中划船，什么都吓不着我，除了唱歌。从记事起，我唯一唱过的歌就是《生日快乐》。就连洗澡的时候都不会哼歌。我想要找回自己的歌声，摆脱喉咙的束缚。站在镜子前，我授权的音乐老师乔在一旁默默地看着我，我看见的只有脆弱。我看见自己的内心里有一个小孩躲在客厅的椅子后头，就忍不住地想要哭出来。终于在镜子前，我发出了声响，感觉胃里翻江倒海好像马上就要吐出来一样。一种无法控制的情感穿透了我的身体，让我将对自己的厌恶吐了个干净。

乔对我说唱歌的意义在于允许自己变得脆弱，也许这就是我惧怕每一节音乐课的原因。但我不会中途放弃，因为我不允许自己失败。救火队的男孩们非常热衷于在这件事上帮忙，每次他们一见到我，就放声高歌，就连传达广播里的消息也用唱歌的方式。我依然是个糟糕的歌手，但我面对了自己的恐惧，放开喉咙试着歌唱，于是我再也不是那个只会唱《生日快乐》的塔拉了。

当我向罗伯敞开心扉时，我看到在一间黑漆漆的房间里，有一个受惊的小女孩蜷缩在角落里。是时候坚强理智地，以成年塔拉的姿态走出这间房子了。罗伯的叛逃逼迫我重拾自己的过去，这是他赠予我的礼物。我以为他能走进我的生活，成为我的爱人、我的丈夫、我孩子的父亲。我是多么想要拥有这一切，但结果是，罗伯让我又蒙上了一层悲伤，而且这次的悲伤直接将我的内心埋葬。它阻碍我更好地生活，阻碍我勇敢地去爱。

我的心理医生休说我对爱和愤怒有“错误思维”。

“真好，”我心想，“我有错误思维。”

我们慢慢地开始理解我精心雕琢但明显走偏了的思维方式。

对愤怒的回避足以证明我对认可、支持、赞扬的需要，但更多的，是对爱的需要。在心里，我将亚当的死看作是对我和我的爱的最后拒绝。对我来说，爱和愤怒是无法共存的，所以当愤怒出现时，我就努力地把它们都抽出来，释放在身边人的身上，释放在任何人身上，只要不是对准亚当就好。

我对亚当爱得太深沉、太贪心却又过于理想化，以至于不能接受任何负面情绪玷污我对他的爱。我从一个19岁的理想主义和浪漫主义青年的记忆里得到了对爱的定义，然后带着这份不切实际的爱走了二十多年。

我觉得在心里我是一个理想主义者，虽然在现实中我

总是用理想主义来发泄自己的情绪，但它才是那个更真实的我。那么，如果不是理想主义，是不是就不完美？

没有人能像我这样爱着亚当，只要我和亚当的美丽童话故事还在，我们就是安全的。但讽刺的是，这个美丽的童话故事让我失去了爱的机会。我不想承认是亚当请求得到我的原谅，是他让我失望了，是他留我一个人在痛苦之中。我闭上眼睛，想象着他和我……

站在大山的一侧，我停下了脚步，停止继续长途跋涉。我感觉到身上的重量，感觉到斗篷里的黑暗物质。站在大自然之中，清风徐徐抚过我的脸庞，我对亚当说：

“我有没有让你失望，亚当，有吗？”

在寂静的山谷中，他温柔又亲切地对我说：“没有，你没有让我失望，是我让你失望了。”

我看着他，他也看着我，生平第一次，我承认了：“是的，你是让我失望了。”我们就这样站着，看着彼此，两个灵魂在广袤的大自然中相互碰撞。

“我该怎么做，亲爱的哥哥？请告诉我，帮帮我。”

“抛下我，继续前进，我漂亮的妹妹。放手吧，就让我躺在这儿。你不再需要我了，去过你想要的生活，拥抱它，给它激情与力量，从我的枷锁中挣脱出去吧。”

我一动不动地站着，看着我的哥哥，看着另一个我，我的镜像、我的心，同时也是我的负担、我的枷锁、我的斗篷。我抬起头，在过去与未来之间摇摆不定，向上是一条孤独又不明方向的道路，向下是一条熟悉又舒适的道路，我该如何选择呢。亚当对我点点头，他伸手摘下我的斗篷。我感觉自己被撕开了，可我依旧站在那儿，一动不动。风停了，他又点了点头，给了我自由。

我开始小心翼翼地向上迈出脚步，不放心地不停回头看，他还在那儿看着我，微笑着点着头。我继续向前，脚步愈发坚实，偶尔回头看一看，直到看见亚当缩小成地平线上的一个点。我不能完全地让他离开，我需要看见他，确保他是安全的。只要一眼，就足以让枷锁上的镣铐复活。

现在我才意识到，这么多年来亚当一直跟我生活在一起。我紧紧地抓着他，贪心地把他放在心里。我在脑子里幻想出了一个完美哥哥的形象，小心翼翼地把他放在最安全的地方，保护着他，爱着他。我总是让他跟我在一起，也为他活着。为了他和我自己，我活在他的期望里，是脑子里的完美哥哥形象支撑着我走了这么久。

亚当对我的期望究竟是什么呢？他一定希望我快乐。他会希望我能从他的死亡中走出来，继续过自己的生活，过一个充实、快乐、充满惊奇经历的生活。如果他知道我依然活在失去他的痛苦之中，依然理想化他的形象，他一定会懊悔不已。

一点一点地，我发现自己的行为不再受恐惧的驱使，更多的是向往，对美好的向往，对自身及世界的信任的向往，对走出过去拥抱新生活的向往。我发现自己能够跳出自身，以他人的角度观察自己的行为，观察自己的想法和感受。我学会了痛苦来临时与它和平共处，观察它，辨别它，承认它的存在，尊重它并接受它，直到有一天它像山丘上的云彩一般转瞬就消散了。它也许会停留一会儿，也许会迅速地消失不见，因为痛苦就像快乐与安宁一样，总是短暂的。就像亚当说的那样：

> 万物皆有所归，就像色彩和美丽一样，当然也包括痛苦。

我开始更信任自己，开始一点点地原谅自己的不完美，原谅对自己的辜负。我不完美，哥哥也不完美，这都没关系。这并不代表我没有那么爱他或者没有那么爱自己，这只是证明我更有血有肉了。我依然在学习，在尽力做到最好。我不再用哥哥笔下的方式折磨自己——我总是因为自己的不完美而哭泣，我不能接受……

也许，这个不完美的我更值得被爱。我在学习一些课程，一些帮助我改变他人生活的课程。我希望能让自己明白，也能让亚当明白，我们是不同的。现在，当我窥探自己的内心时，我看见一个年轻女人站在宽敞的房间中间，一半在黑暗中，一半在阳光下，而她正平静地向阳光走去。

我曾认为当我取得一些里程碑性的成就，或者是成功对抗了恐惧，比如去印度，给妈妈或给亚当写信，回到牛津大学，做心理治疗或者是写这本书，我的悲伤就会完全终止，然后我就能获救，就能够完全结束那段生活，开始下一段生活了。但悲伤是永无止境的，它是一条直线，没有终点，也没有目的地。时间对它来说没有任何意义，我们只能努力地在悲伤中前行，就像我们努力地生活一样。有些人正在向我们走来，有些人在我们的人生中驻足停留，剩下的那些人选择离去，工作会变，家会变，目标也会变。

我相信悲伤是没有尽头的，愈合也是一样，伴随着愈合一同出现的是希望，是自我发现，是清晰的世界。现在，当悲伤向我袭来时，我把它看作是一个机会，一个拨开又一层悲伤的机会，让我能更近地看到真实的自己，看到自己的内心，悲伤越深，学习的机会就越大。是时候放手让亚当离开了，继续对他的爱，但要卸下身上的重担，就像亚当选择结束生命时那样。

亲爱的亚当：

我漂亮的哥哥，我一直在思考你的话："我所有的希望都寄托在塔拉身上。"

我背着这句话活了很多年。我满怀欣喜地接过了你给我的杯子，这里面装满了别人对我们的期待，满得都要溢出来了。这个杯子给了我希望和目标，让我在找不到活下去的理由时有了生存的动力。接过这个杯子意味着我可以继续将你放在心里，替你继续过你的生活。我无法承受失去你这个事实，我可以让你骄傲，成为你想成为的那个人，成为你希望我成为的那个人。

渐渐地，亚当，渐渐地我发现我是我，你是你，我跟你不一样。我有自己的价值观，自己的希望，自己的决定，自己的不足，我有我的忧虑和经历，有自己的路要走。

这么多年来，我们一直一起在这条路上行进，我总是背着你前行，保护着你，爱着你，为你遮风挡雨，将你视如珍宝，迫切地想要给你你没有得到的生活，你放弃了的生活。这就是我们的那个梦，那个几年前我们在印度满是灰尘的道路上行走的那个梦。你靠着我，我弯着身子难以承受你的重量，却依然抱着你不肯松手，我想要呼喊却喊不出声音，那种令人窒息的孤独感。

我觉得是时候让你从我的肩上下来，让你自己站着了，我亲爱的哥哥，我19岁的亚当，聪明美丽，多愁善感，充满爱心又关爱他人的亚当。

我该一个人走了，是时候卸下肩上的重量，自由自在地呼吸新鲜空气，拥抱新生活了。我用它们浇灌我的全身，继续走我自己的路。

也许我们可以肩并肩地走在平行的道路上，爬属于自己的那座高山，我们会相互看看对方，跟对方挥手微笑，唱歌跳舞。我会在山谷的这头给你一个飞吻，它会随着风儿在山间飘荡，最后轻轻地落在你的脸颊上，带着哥哥和妹妹间所有纯洁又温情的爱。

这样可以吗，我漂亮的哥哥？我们可以这样做吗？你能帮我解开一直束缚着我的枷锁，让我张开双臂，轻盈地奔跑着去拥抱自由，拥抱属于我的生活吗？可以让我成为我自己吗？

我爱你，亚当。让我们把那个有毒的杯子扔到一边，把它深深地埋到土里，埋到不能伤害到任何人的地方。然后我们一起分开走自己的路，在路上跟对方招手，享受着我们自己的风景，自己的山脉，自己的道路。你的那条路也许比我的短许多,但它有着自己的特色,它是独一无二的。你的脚印依然存在,这些脚印发着光,为其他人指明了方向。安息吧,亲爱的哥哥,在你道路的尽头,我会一直看着你,一直仰慕你,爱你,并感激从你身上学到的一切。也许我们都会爱上并珍惜自己的自由,爱上我们的独一无二,也总是爱着彼此,爱着生活……

要快乐呀。

安宁以毫厘计算,以度数计算,以百分比计算,就像痊愈一样。

我不再专注于缅怀生活从我这里拿走的东西,我只看见它给予我的。

结 语

伍华拉消防站，悉尼，2012

周五晚上，我在消防站的餐厅里，刚刚做好一份美味的煎三文鱼。对，又是三文鱼，但这次不是鱼饼了，而且我只准备了自己一个人的分量，塔拉自我级又开始作怪了。

警铃响起时我刚把嘴里塞进满满一大口三文鱼。

“混蛋。”我嘟哝着。

今晚我负责云梯。今天我正好替别人值班，男孩们对我都很好，不是每次出动都需要用到云梯车，所以它比负责水泵要来的轻松。警铃声越来越响，我等待着指令的传达。

“自动报警器，云梯。”我很惊讶，一般自动报警器不需要用到云梯。

我站起来，把三文鱼吞了下去，依依不舍地看着盘子里煎的刚刚好的三文鱼。

“是我们。”我听见迪格比，这个外号叫“大狗”的男人大叫一声。他今晚负责开云梯车，我是副手，这意味着如果需要用到我们，我要爬到最高处的云梯台上工作。

“在马路布拉海豹酒吧。”迪格比吼道。

我迅速抓起出勤穿的制服和夹克外套，套上靴子。打开警灯，拉响警笛，我们离开了消防站，之后无线电里传出了声音。

“红色预警，红色预警，红色预警……三级火灾警报……”

“开始了。”迪格比镇定地说。

红色预警表示这是当前最重要的工作，其他所有工作都要暂停。二级警报表示需要更多的消防车，表明这是一场硬战，于是迪格比更用力地踩着刹车。

我蠕动着钻进安全带里，在街上飞速行驶的时候这么做还是有些困难的。这一次，迪格比看着我摇了摇头。

“上帝啊，你到底是怎么做到的？”

“瑜伽。”我笑着对他眨了眨眼睛。

我们在几千米外就看见了滚滚的浓烟，还有火焰冲上云霄。我们把车停在那栋楼的一角，消防车从四面八方赶来，我们是第一辆到达的空中喷洒车。火灾发生在屋顶，在海滨一个较大的多功能酒吧里。我们开始搭云梯，其他消防车似乎很难从建筑物的内部接近火源。

迪格比和我配合默契，我们知道自己的职责。我负责把水管在云梯上放好，装上消防炮，穿戴好呼吸器，把自己的背带在云梯台上固定好。迪格比要把水管装在消防栓上，穿过水泵然后接进云梯车里。我把便携式无线电塞进外套口袋。

我转身给了迪格比一个手势，用力地踩在绰号为“死人号”（真是个好名字）的云梯的踏板上，我听见发动机转动了起来，云梯台慢慢地向上升起。我正在向天空进发着，等待无线电的指示。

“温度极高，有屋顶坍塌的危险。”

我知道他们需要从空中洒水，在我这个位置可以很清楚地看到火源，它就在建筑物的后面。消防员都在建筑物里，如果我现在洒水，很有可能会害死他们，因为水的重量极有可能导致本就脆弱不堪的屋顶塌落。

我从云梯台上向下望，地面上到处都是水管，好像一盘意大利面。消防员们像蚂蚁一样四处乱窜，我安静地站着，等着水上来。

终于，在我达斯维达般的呼吸声中，无线电响了。

“所有消防员已撤退，可以开始空中作业了。”

“放水。”无线电里传出指令。

“放水。”我一边确认，一边熟练地将云梯台调节到合适的位置，水的压力让软管就像一条虫子一般在洞穴里扭动起来。

最终水从消防炮中喷射出来，有力地落在了着火的大楼上。我一个人站在高空中，站在梯子的最顶端，突然刮起一阵风，将浓烟吹向我，我瞬间被烟尘包围了。我从背上的呼吸器里吸着压缩空气，火在风的助威下更猛烈地燃烧着，耀武扬威地将灰烬撒向夜空。我抓紧水管，顺着风向调整水雾喷头，渐渐地，大火平息了，它在“水蛇”猛烈地攻击下屈服了。夜晚又重新变得平静与安宁，烟雾也渐渐消散。